U0090123

民國歷史與文化研究

十五編

第13冊

由創作型態與民國新媒體觀察京劇旦行之崛起至鼎盛（下）

吳怡穎 著

花木蘭文化事業有限公司

國家圖書館出版品預行編目資料

由創作型態與民國新媒體觀察京劇旦行之崛起至鼎盛（下）
／吳怡穎 著 -- 初版 -- 新北市：花木蘭文化事業有限公司，
2022〔民111〕
目 8+154 面；19×26 公分
（民國歷史與文化研究　十五編；第13冊）
ISBN 978-986-518-932-7（精裝）
1.CST：京劇 2.CST：表演藝術 3.CST：角色
628.08　　111009778

民國歷史與文化研究
十五編　第十三冊　　ISBN：978-986-518-932-7

由創作型態與民國新媒體
觀察京劇旦行之崛起至鼎盛（下）

作　　者　吳怡穎
總 編 輯　杜潔祥
副總編輯　楊嘉樂
編輯主任　許郁翎
編　　輯　張雅淋、潘玟靜、劉子瑄　美術編輯　陳逸婷
出　　版　花木蘭文化事業有限公司
發 行 人　高小娟
聯絡地址　235　新北市中和區中安街七二號十三樓
　　　　　電話：02-2923-1455／傳真：02-2923-1452
網　　址　http://www.huamulan.tw 信箱 service@huamulans.com
印　　刷　普羅文化出版廣告事業
初　　版　2022年9月
定　　價　十五編14冊（精裝）新台幣42,000元

由創作型態與民國新媒體
觀察京劇旦行之崛起至鼎盛（下）

吳怡穎　著

目次

上冊

下　冊

表目次

圖目次

第五章　由期刊與唱片確立的「四大名旦」：1927～1945

前言

經由 1927 年北京《順天時報》「五大名伶新劇奪魁投票」，1930 年上海《戲劇月刊》「現代四大名旦之比較」徵文活動以及演員專號相繼而出，至 1932 年《四五花洞》唱片發行，「四大名旦」稱謂正式宣告底定確立，亦是旦行發展臻於成熟階段。本章在論述《戲劇月刊》舉辦「現代四大名旦的比較」徵文之前，必須敘述 1920～30 年代戲曲期刊——以京劇為主的流行背景，京劇的發展蓬勃全盛期（1917～1937），導致理論研究與行銷宣傳的趁勢而起，報紙專欄、期刊雜誌、劇學論著、錄音廣播、唱片電影等視聽媒介應運而生，而這些評論紀錄和宣揚傳播，又回過頭來影響助長了京劇的繁榮進展。儘管期刊雜誌在傳遞消息之環節上，不若報紙來得及時迅速，但卻因為文字篇幅較不受限制，更能夠鉅細靡遺、娓娓而談地介紹說明一己見解，故可見京劇的理論系統被嘗試建構，演員的藝術特質由不同面向深度討論，梨園史料近乎全面的探索整理等，因此在「系統性、理論性、學術性」勝於報紙，一批精到講究的京劇評論家亦逐步成形，而由劉豁公主編的上海《戲劇月刊》，便是其中一部重要且頗具代表性的專門戲曲期刊。而另一方面，本章更要凸顯唱片產業的重要性：「四大名旦」經由期刊與唱片而底定，因此第一節延續前章報刊主題，詳細說明由《戲劇月刊》所主導的排名順序，以及 1932 年四大名旦灌製唱片的來龍去脈，進一步剖析箇中意涵；而在此階段陸續爆發內憂外患紛亂無序，自然不若先前承平安寧利於娛樂活動產業發展，梅尚程荀四人面對時局動盪困境時的反應如何？「因戰而休」梅蘭芳面對 1931 年「九一八事變」，旋即離京遷居上海，1937 年中日戰爭爆發後，1938 年離滬退避香港，選擇完全熄演離開舞臺，因此在 1928 年的《鳳還巢》《春燈謎》、1933 年《抗金兵》與隔年《生死恨》之後，沒有任何新戲創作，程硯秋一度亦絕跡舞臺，但其 1931 年的兩部新戲當中，「因戰而演」的促動企圖明顯，相對的荀慧生、尚小雲則不減創編新戲。故本章第二節以梅蘭芳與程硯秋師徒競爭，開展分析兩人的新戲表演藝術進程；第三節則論述荀慧生與尚小雲持續發展個人劇目。

第一節　「四大名旦」經期刊與唱片而底定

一、1930 年上海《戲劇月刊》徵文

（一）劉豁公之於《戲劇月刊》

劉豁公（1890～？），原名達，號夢梨、哀梨室主，早年曾投身軍旅、征戰疆場，辛亥革命後返鄉安徽，擔任報紙編輯，而後落腳定居上海，約莫 1949 年來臺。〔註 1〕劉氏一家兄弟炯公、鳌叟、豁公俱都是由武將轉為文士，〔註 2〕劉豁公曾在兄長劉炯公所撰寫的劄記小說《然藜奇彩錄》跋文寫道：「余兄弟皆武人也，橫戈躍馬之餘，恆復稍稍治文事。然文以紀事，詩以遣興而已。至於媚世之辭、違心之論，皆所不屑。」〔註 3〕從竭力沙場轉向執筆文壇，認為寫作文章必得持之有故、言之成理，對於媚世阿俗、言不由衷之文論，自當不屑一顧，儘管棄武就文，但是劉豁公始終心繫國家大事，〔註 4〕

〔註 1〕曹官力：〈近代上海京劇票界的生成〉，《戲劇研究》第 9 期（2012 年 1 月），頁 53。

〔註 2〕傅瑛：〈武將文蹤——民國皖籍軍事將領文學著述概說〉，《淮北師範大學學報（哲學社會科學版）》第 32 卷第 5 期（2011 年 10 月），頁 26～30。

〔註 3〕劉豁公：〈然藜奇彩錄跋〉，劉炯公：《然藜奇彩錄》（上海：新民印書館，1935 年），頁 87。《中國京劇史》將《然藜奇彩錄》誤列為劉豁公所作，應為劉炯公的作品方才正確。參見馬少波等主編，北京市藝術研究所、上海藝術研究所組織編著：《中國京劇史》（北京：中國戲劇出版社，1999 年），中卷，頁 1452。

〔註 4〕1941 年曾經寫作大篇幅的〈抗敵歌〉，其中「億萬中華好兒女，無端嘗盡流離苦，居無廬舍食無鹽，夜半相將宿野田。」寫盡百姓經歷九一八事變，蘆溝

然而最值得關注的，「文人生活變化之最繁複者，當以此君為第一矣」，劉豁公未在煙硝四起橫戈躍馬、馳騁戰場遐爾聞名，反而藉由揮灑翰墨、馳名滬上。〔註5〕

「萬家燈火鬭嬋娟，到處歌臺奏管絃，十里洋場春似海，塵寰今見大羅天。」〔註6〕這是劉豁公眼中的繁華上海，而根據「雅歌集」票房十五週年特刊所寫的〈哀梨室戲談〉，自言：「聽戲是我生平唯一的嗜好，從十三歲到現在，幾乎沒有一天不到戲園裏走動。（這是指每天晚上而言，白天是要辦正事的）又仗著膽大臉厚，能做幾句似是而非的歪文，於是乎道聽塗說大做戲談，送到各書報上去登載。」〔註7〕上海京劇表演市場的活躍，不啻讓「嗜劇成癖」的劉豁公開展寬闊眼界，奠定敏銳的觀摩鑑賞，因此他大量撰寫劇評、創作新劇，進而編輯戲曲報刊，緣此《中國京劇史》列為「史論研究工作者」之一。而 1928 年 6 月創立主辦了《戲劇月刊》，由上海戲劇月刊社出版，大東書局印刷發行，至 1932 年因日本侵華而停刊，一共發行三卷共 36 期。劉豁公在創刊號發行的「卷頭語」，開宗明義認為戲劇足和食、衣住劃上等號，自然具有縝密研究之必要，至於月刊的整體內容，引用同是編輯之一的鄭過宜說法：

> 當戲劇月刊創始之時，余嘗謂豁公曰：月刊既以戲劇名，主體故當捨皮黃莫屬。然只就皮黃立論，範圍未免太狹。引崑、徽、秦、漢、粵、晉之劇，暨影戲、新戲下至各地雜技（如大鼓說書之類）。一藝之精，必有專長，其得失要皆可得而言。闡發其所以佳，而剔抉其所以不佳，則保存與指正，兩得之矣。〔註8〕

《戲劇月刊》以廣義「戲劇」為名，涵蓋了與皮黃同時存在的中國戲劇劇種，諸如崑劇、徽戲、梆子、漢劇、粵劇等，乃至於影戲與各類曲藝等項，實際翻查 36 期的文章內容，每一期的內容分為「銅圖、臉譜、文字」三大部

橋又起烽煙，因日本侵華而備嘗艱辛，足見他曾經自言「敢以詞章警末俗，獨留冷眼察秋毫」的氣度心胸依然。參見劉豁公：〈抗敵歌〉，《中央週刊》，1941 年第 4 卷第 12 期，頁 14。劉豁公：《上海竹枝詞》（上海：雕龍出版部，1925 年），頁 1～2。

〔註 5〕徐耻痕：〈小說家與電影界之關係〉，《中國影戲大觀》（上海：大東書局，1927 年），頁 6。

〔註 6〕劉豁公：《上海竹枝詞》，頁 1～2。

〔註 7〕劉豁公：〈哀梨室戲談〉，《雅歌集特刊》（上海：未標示，1924 年）。

〔註 8〕鄭過宜：〈潮戲漫譚〉，《戲劇月刊》，1928 年第 1 卷第 9 期。

分，主要著眼點顯然偏重於皮黃京劇，且地域不限於上海之論述，諸如：劉豁公「哀梨室隨筆」，張肖傖「蒨蒨室劇話」，海上漱石生（孫玉聲，又名漱石）〔註9〕的「梨園舊事鱗爪錄」、「上海戲園變遷志」，小織簾館主（沈睦公）的「名伶小紀」、「北平梨園近事談」等專欄，除此之外，還額外出版一系列以當紅名伶為刊物主角之「專號」，例如1928年出版「梅蘭芳號」（第1卷第6期）、1929年「尚小雲號」（第1卷第8期），1931年出版「程豔秋王少樓合號」（第3卷第2期）、「荀慧生言菊朋合號」（第3卷第8期），1932年出版「譚鑫培號」（第3卷第12期）等演員專號相繼而出。而《戲劇月刊》的銷售量逐年上揚增加，由草創階段的三千冊，穩定成長達到一萬三千以上的數目，〔註10〕編輯群劉豁公、鄭過宜、鄭子褒之煞費苦心、功不可沒，尤其主編劉豁公「曩嘗以談劇見重於時，南北名伶無不以得其一言以為榮」，〔註11〕其登高一呼很具號召力，誠如林屋山人在創刊號的序文所稱：「豁公劇學甚深，交遊甚廣，必能持論公平，取材宏富。茲編一出，可以使洛陽紙貴也。」因此《戲劇月刊》在戲曲期刊界自有其重要且無可取代的價值。

（二）《戲劇月刊》之「現代四大名旦的比較」

「四大名旦」這個專有名詞，自然不可能憑空而生，一方面植根於整體京劇環境的醞釀，另一方面則有賴於文人墨士刻意為文的累積，1928年劇評家舒舍予〔註12〕首先在《戲劇月刊》發表〈梅荀尚程之我見〉，文章開

〔註9〕1914年主編《繁花雜誌》，1928年主編《梨園公報》等，參見蘇移：《京劇二百年概觀》（北京：北京燕山出版社，1989年），頁357。

〔註10〕由創刊一年：「本刊將近有一年的歷史了。自從創刊以後，一直到現在，成績一天好似一天，行銷之數，已從三千增至七千以上。」至創刊一年多：「本刊出版已經一年多了，銷數比較以前，確已增加了三分之一——共約一萬餘份。——至於內容，那是有目共睹、有耳共聞的。」到了第二年：「這兩年中，因為得著許多讀者和朋友的贊助，材料一期比一期豐富，精神一期比一期充足，銷數一期比一期增多。」而第三年：「一個專談戲劇的刊物，居然繼續出版到三年之久，銷數由四五千，逐漸增加到一萬三千以上。」分別參見劉豁公：〈卷頭語〉，第1卷第10期、第1卷第12期、第2卷第12期、第3卷第12期。

〔註11〕嚴獨鶴：〈對於戲劇月刊之期望〉，《戲劇月刊》第1卷第2期。

〔註12〕舒舍予於1926年曾為荀慧生新編《元宵謎》。舒舍予（老舍）「舒舍予君的係慧生不可多得之益友。慧生敬之如師。荀社中人。對於慧生。亦愛護備至。慧生今獲此美滿結果。諸君心血。終未浪費點滴也。」《申報》，1930年3月30日第17版。這位舒舍予，並非是老舍先生。參見和寶堂：〈我看電視劇《荀慧生》〉，《中國京劇》，2007年第3期，頁57。

門見山便直言不諱，讀者對於這個標題之名次，必然有所困惑質疑，進一步解釋：

> 此名次係就四伶年齡之長幼而定，若以享名先後為序，則應為梅尚荀程。倘就今日之聲譽而論，則程非特不能在荀下，且宜居尚之上矣。……上述四伶，程為梅之弟子，雖有出藍之譽，未能即置梅上，故順序應以現在趨勢為標準，當改為梅程尚荀，尚荀雖列程下，其希望當較程為優厚，緣程嗓如一旦有不支之虞，恐即完全失卻對付能力，尚有改善，與荀有上進可能，獨梅之耐久性力，則比三人者均強耳。〔註 13〕

舒舍予分由演員個別條件和聲望加以簡要評比，筆者現以表格羅列：

表 5-1：舒舍予對四大名旦之評比

評　論	排　序
年齡長幼	梅＞荀＞尚＞程
成名先後	梅＞尚＞荀＞程
聲譽名望	梅＞程＞尚＞荀

經由舒舍予的評價論斷，基本上可看出梅蘭芳首席地位之不可撼動，指出此為輿論界公認的共識，在年紀歲數與成名前後這兩項已成定數的情況下，至於「今日聲譽」的排次部分，儘管將尚小雲和荀慧生列在程硯秋之後，但卻凸顯一旦特殊天賦之程嗓有所毀傷問題，尚小雲如能柔和運腔，改善「略帶木氣、喜用剛音」的情況；荀慧生若可調和細音運用，力改「寬音太多之弊」，兩人便可奮起直追、迎頭趕上，點出了尚小雲仍是早期青衣直腔直調，而荀慧生嗓音較低。值得一提的是，文中稍加評點四人所編新劇，特別稱揚了荀慧生舊劇演來頗能熨貼入化，悲喜新劇亦覺傳神，而作者舒舍予不折不扣正是荀慧生「白黨」之一員，與楊懷白、鄂呂弓並稱為「白黨三巨頭」，趁此文章拉拔聲勢尚屬末位的荀慧生之企圖不言可喻。不過內文除了評論排序之外，並沒有出現「四大名旦」的稱號，因此，可推論此時 1928 年尚未流行「四大名旦」的稱呼。直至 1930 年《戲劇月刊》舉行的有獎徵文活動，劉豁公在「卷頭語」公告：

〔註 13〕舒舍予：〈梅荀尚程之我見〉，《戲劇月刊》，1928 年第 1 卷第 2 期。

誰都知道梅尚程荀是現代四大名旦，究竟他們的聲色技藝，比較的誰弱誰強？我們慚愧沒有判斷的能力，為此懸賞徵求「現代四大名旦的比較」！請諸君用最精確的法眼！作最忠實的批評！就題發揮，適可而止！每篇限定三千字到一萬字，在一個月內寄來，我們當請海上的評劇名流，公同評定名次。〔註 14〕

開頭便以「誰都知道梅尚程荀是現代四大名旦」破題，可見 1930 年是「四大名旦」稱謂的確立分水嶺。而徵文標明以演員的「聲色技藝」進行評價闡發，最終結果，在七十餘篇的稿件中取前三名：第一名蘇少卿（1890～1971）、第二名張肖傖（1891～1978）、第三名蘇老蠶（生卒年不詳），〔註 15〕此三位作者皆是票界名宿兼劇評家，尤其名票蘇少卿曾灌錄唱片，還首開在廣播教習京劇之先例。〔註 16〕三人評斷的方式各自表述，或以上上、上、中而論其優劣，或以分數評比高下，筆者為求清楚呈現，統一以「＞」符號表示孰先孰後，〔註 17〕並依照唱唸做表做出大致的分類，表格羅列如下：

表 5-2：1930 年《戲劇月刊》有獎徵文對四大名旦之藝術評比

		評比	蘇少卿	評比	張肖傖	評比	蘇老蠶
1	扮相	扮相美麗	梅＞荀	臺容	梅＝尚＞程＝荀	扮相	梅＞荀＞程＝尚
2	唱念	嗓音純正	梅＞尚	嗓音	梅＝尚＞荀＞程	嗓音	梅＞尚＞程＞荀
3		唱工	程＞梅	腔調	梅＝程＞荀＝尚	唱工	程＞梅＝尚＞荀
4		白口爽朗	梅＞荀	字眼	梅＞尚＝荀＞程		
5	做表	做工細膩	梅＞荀	身段	梅＝程＝荀＞尚	身段	梅＞荀＞程＞尚
6		武工 刀馬嫻熟	荀＞尚	表情 做作	梅＝程＝荀＝尚	表情	梅＞程＝荀＞尚

〔註 14〕豁公：〈卷頭語〉，《戲劇月刊》，1930 年第 1 卷第 12 期。

〔註 15〕蘇少卿：〈現代四大名旦之比較（徵文揭曉第一）〉、張肖傖：〈現代四大名旦之比較（徵文揭曉第二）〉、蘇老蠶：〈現代四大名旦之比較（徵文揭曉第三）〉，《戲劇月刊》第 3 卷第 4 期。

〔註 16〕《絕版賞析》談蘇少卿。由外孫蘇玉虎談蘇少卿唱片，蘇玉虎亦是票友。http://www.tudou.com/programs/view/vD70xfiUgtc。2019 年 4 月 14 日下載。

〔註 17〕張肖傖的內文與優劣比較表，兩者出現不一致之處，例如：四大名旦之天資比較，內文排序為慧生、畹華、玉霜、小雲，而比較表所列梅蘭芳、程硯秋、荀慧生皆為「上等」，尚小雲為「中等」，筆者為統一論述，則採用文末的「四大名旦之優劣比較表」作為依據。

7				臺步	梅＝程＝荀＞尚		
8				武藝	荀＞梅＝程＝尚		
9	新劇	新劇	梅＞荀	新劇	程＞梅＞荀＝尚	新劇	荀＞梅＞程＞尚
10	師友	師友 輔佐人才	梅＞荀	舊劇	梅＝程＝荀＝尚		
11	成名	成名之早	梅＞尚	崑戲	梅＝程＝荀＝尚		
12				品格	程＞梅＝荀＞尚		
13				天資	梅＝程＝荀＞尚		

三篇文章不僅逐一比較京劇四大名旦，既關乎表演藝術的本質之探究，亦旁及演員的天賦／後天、內涵／外在條件之論析，此處不針對三篇原文內容進行逐項逐句陳述，而是著重從中歸納統整此次徵文透露劇評的鑑賞標準：

回顧張次溪編纂的《清代燕都梨園史料》正編材料，可清楚看出清朝道光以至光緒年間的評賞觀點，目光皆聚焦集中於「演員」身上，「色藝雙絕」自然是伶選最高標準，視為第一期之評賞論點；至民國初年以降，隨著京劇的成熟蓬勃，報紙期刊劇評專欄臻於高峰，北京《順天時報》和上海《申報》，乃至於《平劇史料叢刊》所收錄論著，諸如 1918 年《鞠部叢刊》、1926 年《鞠部叢談》等，更可見評論雖仍以演員為核心焦點，但已經針對演員進行全面性且多元化的講戲評藝，〔註 18〕可視為第二期評賞之發展，而此次 1930 年劇評家的論述視角，則延續前一期的趨勢，包含：「扮相（臺容）、唱工（嗓音、白口、字眼、腔調）、做表（刀馬、武藝、身段、臺步）」，演員的唱唸做表是三人共同審視關注之重點，整體而論，又以張肖傖最為詳細，除了著重技藝的表現之外，更增添「品格」項目，以程硯秋「謹飭自守，對羅癭公死後事，尤為士林所稱」，從程硯秋與羅癭公的師生角度切入，給予四人之中最高的評價，幾近真善美的審美標準。而值得注意的，三人皆以較多篇幅評論「新劇」——相對於原有的傳統劇目而言，均詳細列出四旦新劇劇目：

〔註 18〕王安祈：〈京劇梅派藝術中梅蘭芳主體意識之體現〉，《為京劇表演體系發聲》（臺北：國家出版社，2006 年），頁 103～108、121。

表 5-3：1930 年《戲劇月刊》有獎徵文涉及之四大名旦新劇劇目

演員	新戲劇目
梅蘭芳 18 齣	黛玉葬花、天女散花、嫦娥奔月、上元夫人、麻姑獻壽、木蘭從軍、鳳還巢、春燈謎、俊襲人、太真外傳、廉錦楓、西施、洛神、一縷麻、童女斬蛟、牢獄鴛鴦、千金一笑、霸王別姬
程硯秋 18 齣	梅妃、賺文娟、玉鏡臺、聶隱娘、青霜劍、紅拂傳、文姬歸漢、鴛鴦塚、孔雀屏、花舫緣、花筵賺、玉獅墜、硃痕記、風流棒、金鎖記、柳迎春、碧玉簪、斟情記
尚小雲 15 齣	珍珠扇、秦良玉、林四娘、雙官誥、摩登伽女、五龍祚、千金全德、雷峰塔、張敞畫眉、卓文君、青門盜綃、玉虎墜、婕妤當熊、花蕊夫人、空谷香
荀慧生 28 齣	西湖主、竊兵符、陳麗卿、江天雪、至孝圖、元宵謎、全本玉堂春、丹青引、香羅帶、繡襦記、飄零淚、金鐘罩、柳如是、十三妹、得意緣、庚娘、白娘子、妒婦訣、埋香幻、百寶箱、魚藻宮、釵頭鳳、還珠吟、荊釵記、販馬記、張金哥、紅梨記、春閨記

每位名伶至少有十幾齣以上的新戲搬演，三篇徵文劇評皆具體地從「表演層面」跨足到「劇本範疇」，更注意到了「新劇」與輔佐人才的「師友」關係密不可分，如討論梅蘭芳的新戲部分，蘇老蠶說明當時演員競相效尤，「梅派新戲」之名稱已不脛而走，蘇少卿則指出：「蘭芳之師有喬蕙蘭、陳德霖等十餘人，友有李釋戡、齊如山、黃秋岳等數十人，或為編劇，或為顧問，或為宣傳，或為交際，每一劇編成，對於穿插場子、配置行頭、斟酌詞句、安排腔調，必群策群力、集思廣益，務求善美。」〔註 19〕張肖傖的看法：「梅之新戲負盛譽，厥有數點：（一）場面音樂好，（二）配角齊全，（三）布景佳，（四）得齊如山輩之助力頗多，（五）利用新聞界鼓吹宣傳甚力。」〔註 20〕「新劇」在戲曲形式不同於舊劇，涵蓋舞臺布景設計、音樂唱腔安排、行頭服飾搭配，乃至於最重要的編劇內涵情感是否符合演員形象，每個環節皆需要良師益友通力合作、集思廣益，才能相得益彰各有所成，正同蘇少卿所言：「唱戲亦如創業之難，非有良師友而提攜、多士從而運籌，不能成功。」〔註 21〕因此劇

〔註 19〕蘇少卿：〈現代四大名旦之比較（徵文揭曉第一）〉，《戲劇月刊》第 3 卷第 4 期。

〔註 20〕張肖傖：〈現代四大名旦之比較（徵文揭曉第二）〉，《戲劇月刊》第 3 卷第 4 期。

〔註 21〕蘇少卿：〈現代四大名旦之比較（徵文揭曉第一）〉，《戲劇月刊》第 3 卷第 4 期。

評不僅只是談論一字一音唱腔韻味、一招一式做表身段的京劇表演體系，新戲演出的劇本文學與劇場效果在此階段亦獲得關注。

二、1932 年灌製《四五花洞》唱片

四大名旦的出線，儼然成為「旦行掛頭牌」的最佳證明，但此時的封號並未固定確立，例如筆者翻閱《申報》1930 年 9 月 19 日第四版廣告（圖 5-1）：「蓓開唱片才當得起『清亮準確』四個字的批評」。

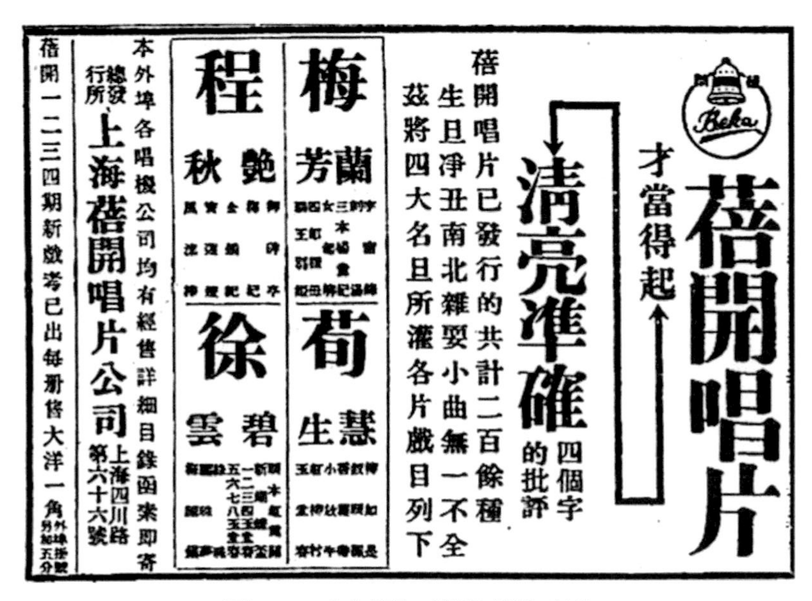

圖 5-1：《申報》蓓開唱片廣告

上海蓓開唱片公司的廣告將四大名旦所灌各片戲目列下，包含梅蘭芳、荀慧生、程豔秋、徐碧雲，其中並無尚小雲。劇壇無可避免傳出了質疑的聲浪，以梅花館主〈四大名旦專名詞成功之由來〉文章明確指出：

> 「四大名旦」的口號是叫出了，但是捧梅捧程的人很不贊成，就是顧曲的人們，亦未見得個個肯買這筆帳，直要等到二十一年長城唱片《四五花洞》灌成以後，這「四大名旦」四個字的專名詞，方才成立。〔註 22〕

經過北京《順天時報》與上海《戲劇月刊》的票選評比，四大名旦的稱號雖已清楚出現，但是各自捧角集團頗有雜音，如引文所述「捧梅」、「捧

〔註 22〕梅花館主：〈四大名旦專名詞成功之由來〉，《半月戲劇》第 3 卷第 10 期。〈四大名旦得名之源始〉，《半月戲劇》第 6 卷第 4 期（1947 年 5 月）。

程」的觀眾戲迷未必全然接受，因此「四大名旦」雖有其聲望，但尚未獲得普遍公認的穩定性，直至 1932 年上海長城唱片邀請四人首度聯合錄製《四五花洞》唱片發行，將四大名伶唱腔的特色鮮明呈現，才真正確立「四大名旦」之意義。圖 5-2 為筆者搜索擷取自古董拍賣網頁之難得一見《四五花洞》唱片，〔註 23〕圖 5-3 為翻閱《申報》1933 年 5 月 3 日頭版長城唱片廣告。

圖 5-2：《四五花洞唱片》

ESTABLISHED 1872. NO. 21571 THE SHUN PAO SHANGHAI, WEDNESDAY MAY 3, 1933

申報

異軍突起 一鳴驚人

註冊 長城 商標

長城唱片

准於今日開始發行

梅蘭芳 尚小雲 荀慧生 程艷秋

四大名旦合唱絕妙好戲

四五花洞

四美具 梅蘭芳尚小雲荀慧生程艷秋

平津部分四十六種

兩難

茲將第一期平津部份新片目錄列下

杜麗雲 尚小雲 王少樓 武家坡 程艷秋 荒山淚 梅蘭芳 霸王別姬 楊小樓 四大名旦 四五花洞 余叔岩 程艷秋 王少樓 荀慧生 王瑤卿 程繼仙 孟小冬

啓事

總發行所 長城唱片股份有限公司

本埠經售處

評論 一般

圖 5-3：《申報》長城唱片廣告

〔註 23〕雅昌藝術網頁，http://auction.artron.net/paimai-art5063013708/。2019 年 4 月 14 日下載。

由圖 5-2 的唱片軸心擺法可見，四位名伶均分版面，關於這眾目睽睽之唱片牌子問題，根據禪翁〈四五花洞唱片灌製追記〉文章敘述：「最後經梅花館主匠心獨運，不作左偏右袒，不分盧前王後，特製一牌子，四面周旋，各據一方，即今問世之長城四五花洞唱片，其牌子作輪軸形者是也。」〔註 24〕作為此次唱片的幕後臺前推手之梅花館主鄭子褒為著名劇評家，時任長城唱片公司負責代表之一，特地匠心獨運想出四人各據四方，東南西北不偏不倚。圖 5-3《申報》更清楚得見以「兩難併」——第一是想不到、第二是辦不到，「四美具」——梅蘭芳、尚小雲、荀慧生、程豔秋，來形容「四大名旦合唱絕妙好戲」《四五花洞》，這張珍品現在看來不僅成為京劇劇壇公認的著名唱段，傳為千載難逢璧合珠聯之佳話，更重要的是體現了旦行流派藝術的意義，正如同譚鑫培晚期留下的「七張半」唱片，成為老生譚派藝術發展與傳播的經典。〔註 25〕然而回顧錄音製作的過程，可是引發了一番衝突角力與權力操作，〔註 26〕《五花洞》又名《真假潘金蓮》，乃武大郎與潘金蓮遭逢荒旱投奔武松，途遇五毒精幻化的假武大與金蓮，真假兩對同往知縣訴狀，插科打諢相映成趣，《四五花洞》則由四位丑與旦分飾真假武大郎與潘金蓮同臺演出，而四句慢板究竟誰先孰後倒成學問，正如參與者之一的沙遊天〈四大名旦五花洞留音追紀〉所言：

> 四旦合唱五花洞慢板，各佔一句，而四旦各執成見，皆不願唱末句，蓋四大名旦之名詞，雖已震動南北，而其先後次序，迄未得一定論，或稱「梅程荀尚」，或稱「梅尚程荀」，莫衷一是。除梅固定為首席外，其餘三人，皆以此為爭名次之絕好機會。〔註 27〕

梅花館主也有此回憶：

> 第一樁任務，就是向各位大名旦家裡穿門子，開始接洽這樁任務，並商量各人唱詞之分配，情形好像是很簡單的，到了後來，一步難

〔註 24〕禪翁：〈四五花洞唱片灌製追記〉，《上海生活（上海 1937）》，1940 年第 4 卷第 4 期。

〔註 25〕李元皓：〈早期譚派票友與京劇流派藝術：以 1912 年以前的京劇老唱片為切入點〉，《戲劇學刊》第 13 期（2011 年 1 月），頁 103～130。

〔註 26〕王安祈：〈名伶「灌唱片」心態探析〉，《錄影留聲　名伶爭鋒：戲曲物質載體研究》，頁 25～57。

〔註 27〕沙遊天：〈四大名旦五花洞留音追紀〉，《半月戲劇》，1948 年第 6 卷第 11／12 期。

似一步，一天難似一天，已成之局，幾乎毀於一旦，幸而程玉霜大度包涵，不計小節，經奔走數十天，費盡唇舌，用盡腦汁，挖空心思，叩求禮拜之一張名貴唱片，居然得告成功，玉霜之功勞，真不可磨滅焉。〔註28〕

四句慢板唱詞的先後次序安排分配並非易事，四人為取得有利位置而正面交鋒、各執己見，眼見錄製唱片幾乎付諸流水之際，幸而程硯秋顧全大局願唱末句，因此拍版定案的順序為梅、尚、荀、程，最後合唱「十三咳」:「梅蘭芳：不由得潘金蓮怒惱眉梢，尚小雲：自幼兒配武大他的身量矮小，荀慧生：年荒旱夫妻們受盡煎熬，程硯秋：亦只得陽谷縣把兄弟來找。」「四大名旦」地位之確立，逐漸帶動劇壇旦行趨於極盛，如「四大坤旦」、「四小名旦」、「四塊玉」等旦角人才的湧現，且直至現今的京劇演員，模仿梅尚程荀的唱腔，且將唱詞與四大流派的特色緊密結合，一人分演四大流派劇目成為劇壇一樁美事。〔註29〕因此《四五花洞》這種演法一直複製到了1980年代，1988年上京院新編創排的《盤絲洞》更是一代表作。《四五花洞》原本該是一氣呵成的四句慢版，因為四大名旦唱腔特質各自發揮，而成為聽眾再三聆聽、興味盎然的經典，而且這四句唱詞並沒有人物塑造，但京胡一響，四流派特色鮮明可辨，台步身姿都各有特色。

第二節　梅蘭芳與程硯秋之師徒對話與競爭

此階段的梅蘭芳與程硯秋師徒兩人，走在相似卻又不盡相同的道路之上，其一、黃金時期的放眼世界，梅蘭芳與程硯秋是四大名旦之中唯二出國

〔註28〕梅花館主：〈四大名旦專名詞成功之由來〉，《半月戲劇》第3卷第10期。

〔註29〕如筆者曾於2008年6月26～29日於臺北城市舞臺觀賞魏海敏藝術專場，以「大師經典、極致綻放」作為宣傳，分別演出梅派《生死恨》、程派《鎖麟囊》、荀派《坐樓刺惜》、張派《狀元媒》，可見演員的全面長才，跨流派展現不同女性形象誠屬不易。又如2011年5月15日於臺北市大稻埕戲苑觀賞「栢優群伶之我愛黃宇琳」專場其中之一武戲《盤絲洞》，以「蹻功」獨步兩岸京劇圈的演員黃宇琳，以上海京劇院武旦方小亞表演影帶為學習範本，劇中特色不僅表現紮實武功，飾演蜘蛛精千方百計誘惑唐僧時所唱的四句:「有情人相對視如癡如醉，盤絲洞結良緣鳳凰欲飛。(梅派【西皮原板】) 休教我想斷腸盼穿秋水，為郎君殉情死你枉稱慈悲。(程派【西皮原板】) 怕什麼遭橫禍香銷玉碎，道一尺魔一丈我能馭風雷。(尚派【西皮慢板】) 臍兒間情絲縷縷含春蕊，煉成了如意寶珠我逞神威。

演員，1930 年梅劇團訪美歸來，名譽聲望與劇壇地位均正值達顛峰狀態，1931 年與余叔岩、齊如山等人發起成立「北平國劇學會」，隔年創辦「國劇傳習所」——介於科班與票房之間的教學組織，〔註 30〕而此時程硯秋表演鮮明度極高，漸能與老師梅蘭芳抗衡，不同於梅蘭芳率領劇團出國演戲經驗，毅然於 1932 年初至 1933 年四月期間隻身前往歐洲探究演劇況狀，其文集中收錄有〈赴歐考察戲曲音樂報告書〉，〔註 31〕匯集考察結果與提出外國值得效法革新的見解建議；其二、返國後面對時局改變的因應之道，梅蘭芳於抗日戰爭期間以《抗金兵》與《生死恨》抒發愛國精神，1937 年後更選擇「蓄鬚明志」表彰氣節閉門罷演，而程硯秋同樣選擇隱居京郊荷鋤務農，直至中日戰爭結束才重新復出登臺，但其 1930 與 1940 年代的新戲卻讓程派有了急起直追的氣勢，以下分由梅程兩人進行論述。

一、梅蘭芳之如日中天

1920 年代後期至 1930 年代的梅蘭芳堪稱如日中天，舉手投足表演藝術已達爐火純青，一方面整理改編傳統戲《宇宙鋒》，另一方面新戲風格亦有變化，正如王安祈所述：「由天上轉折返回人間，著眼於世態人情」，〔註 32〕推出尋常百姓兒女之《鳳還巢》《春燈謎》，以下分為兩部分進行論述。

（一）傳統戲之「重塑改造」

梅蘭芳對於《宇宙鋒》有著個人的偏好與堅持，堪稱「是我功夫下得最深的一齣。」〔註 33〕自開蒙教師吳菱仙學得此戲之後，李壽山提供的完整劇本：「宇宙鋒」為秦二世胡亥賞賜司徒匡洪的一口寶劍，秉性耿直匡洪與專權用事趙高不和，趙高將女兒豔容許配匡洪之子匡扶為妻，希望藉此化解嫌隙共圖大業，但匡洪堅持立場不為所動，趙高懷恨在心定下一計，命人盜取宇宙鋒刺王殺駕嫁禍匡洪，也因此匡家滿門抄殺，僅趙豔容得以免罪。而匡扶在豔容幫助之下，假扮僕人得以倖免幸運逃生。胡亥一晚過訪趙高，見色起意欲納為妾妃，豔容斷不依從，在啞奴的暗示之下抓破花容裝瘋反抗，金殿

〔註 30〕參見筆者：〈談國劇傳習所——介於科班與票房之間的教學組織〉，《戲曲學報》第 13 期（2015 年 12 月），頁 99～132。

〔註 31〕程硯秋：〈程硯秋赴歐考察戲曲音樂報告書〉，程硯秋著、程永江編、鈕葆校勘：《程硯秋戲劇文集》（北京：華藝出版社，2009 年），頁 55～73。

〔註 32〕王安祈：《為京劇表演體系發聲》，頁 59。

〔註 33〕《舞臺生活四十年》，《梅蘭芳全集》第一卷，頁 150。

之上嬉笑怒罵臨危不懼，胡亥莫可奈何只得做罷。早期劇名有《宇宙瘋》之寫法，反而更具裝瘋佯傻象徵性，無論全本或折子形式，梅蘭芳「可以說是唱上癮來了」，總是特地指定演出唱幾回，即使「每次貼演上座成績，可總不能如理想的圓滿」，〔註 34〕仍舊下足功夫精雕細鏤。在表演藝術方面，梅蘭芳特別指出：

> 早年皮黄班裡只唱「趙高修本」和「金殿裝瘋」兩場，完全是一種唱工戲，其身段、表情都簡單而呆板，沒有什麼變化，場子也相當冷靜，所以觀眾對它並不十分重視。〔註 35〕

如前所述《宇宙鋒》作為早期傳統典型唱工戲為陳德霖所確立，而梅蘭芳如何突破此純粹青衣文戲表演模式，從素來不被觀眾喜好的劇目，通常安排中軸位置，脫穎而出成為唱做俱佳的梅派經典戲碼，1955 年的電影片「梅蘭芳的舞臺藝術」更選擇將此兩折收錄其內？那便是緊扣劇中主角「難言之隱」的曲折複雜，引梅蘭芳的話即是：「要形容出劇中人內心裡面含著的許多複雜而矛盾又是不可告人的心情」，〔註 36〕〈趙高修本〉趙豔容一出來的引子：「杜鵑枝頭泣，血淚暗悲啼」，必須唸出心中萬般無奈與壓抑，身穿厚重黑色服飾，畫面呈現的是墨色凝重的氛圍，彷彿烏雲蔽日了無生機，在明知丈夫未死、但又不知其是否安然的擔憂之下，在臺上踏出的每一個步伐卻都要穩健有力，強忍親情與怒氣之間的矛盾，面對接濟支援、卻也是罪魁禍首，誠心央請父親修本搭救丈夫，免除匡家之罪，這是豔容無奈之中唯一作為，而趙高的應允帶來了黑暗中的一絲光明、一線希望，此時胡琴剛起過門，搭配雙抖袖的身段表示轉憂為喜情緒變化，唱的是節奏明亮的【西皮原板】：「老爹爹發恩德將本修上，明早朝上金殿面奏吾皇；倘若是有道君皇恩浩蕩，觀此本免了兒一門禍殃。」這也是《宇宙鋒》僅有的一抹忻悅色彩，尤其第二句的「面奏吾皇」四字，水亮勁脆而不減力度，跳踉躍動卻不失從容，一收一放之間、一憂一喜轉變，處處考驗演員的表演功力，而這些細節正是梅蘭芳最能掌握發揮之處。同樣的在全本《宇宙鋒》當中，甫嫁至匡家的趙艷容所唱【西皮慢板】（筆者聆聽的是 1928 年勝利唱片）：「出嫁匡門心好慘，爹爹行

〔註 34〕《舞臺生活四十年》，《梅蘭芳全集》第一卷，頁 147～148。當 1946 年與弟子程硯秋上海打對臺時，仍舊搬演此戲。

〔註 35〕《舞臺生活四十年》，《梅蘭芳全集》第一卷，頁 148。

〔註 36〕《舞臺生活四十年》，《梅蘭芳全集》第一卷，頁 150。

事太不端，雖與匡郎成姻眷，難保偕老到百年。」這四句也是西皮唱腔，一出臺的扮相雖是滿頭紅花新嫁娘喜氣模樣，即使和丈夫兩人如此琴瑟和諧，但父親陰影始終一再盤旋擺脫不掉，整齣戲所有唱腔的基調，就是呈現出這股內心之憂喜交錯。

而劇情急轉直下，當趙豔容得知明日早朝被送入宮中，便引發點燃父女二人正面衝突，這一部分在唱詞上可見經過梅黨文人刪修而逐步雅化的痕跡，〔註 37〕正如趙豔容怒斥父親趙高的一段唱詞：

表 5-4：《宇宙鋒》諸版本唱詞對照表

劇本集	唱　詞
清刊本／《梅劇團出演特刊》	西皮搖板「老爹爹你為人真個可厭，兒豈作失節婦遺臭萬年，自古道嫁乞隨乞轉，又道是嫁叟隨叟眠。」
《戲考》	西皮散板「老爹爹說此話真個可駭，怪不得罵名兒四海宣傳。你孩兒曾唸過烈女真傳，豈肯做那失節婦遺臭萬年？」唸白：常言道嫁雞隨雞走，又道是嫁犬犬同行。
《梅蘭芳演出劇本選集》與《音配像》根據 1954 年「修本」演出錄音配像	【西皮原板】： 「老爹爹在朝中官高爵顯，卻為何貪富貴不顧羞慚。」

矢志不從父命的趙豔容，明白只有施展巧計才能解危脫困，便領會依循啞奴暗示的裝瘋建議，所唱：「我這裡假意兒懶睜杏眼，搖搖擺擺擺搖扭捏向前。我只得把官人一聲來喚，奴的夫哇！隨我到閨房內共話纏綿。那邊廂又來了牛頭馬面，玉皇爺駕瑞采接我上天。」〔註 38〕在這段迂回曲折、起伏跌宕的【反二黃慢板】，梅蘭芳突破早期「不重做工、專講傻唱」的藩籬，盡情發揮「身段、表情、唱腔」三方面，改革以連唱帶做表：「借著裝瘋跟趙高大開玩笑，盡情發洩了胸中的怨恨和不平之氣。表面上是一派喜劇的形式，骨子裡地隱藏著悲劇的本質。」〔註 39〕梅蘭芳考量唱腔的緊湊性，第一步先將傳統詞句刪減二句「猛然間睜眼看天昏地暗，有許多冤鬼魂站立在面前」，由八句變成了現在的六句；其次，在長而慢的拖腔搭配舞蹈適宜「緩慢而沉

〔註 37〕許姬傳：〈梅蘭芳對編劇的一些看法〉，《憶藝術大師梅蘭芳》（北京：中國戲劇出版社，1986 年），頁 69。

〔註 38〕音配像根據 1954、1958 年錄音配像。

〔註 39〕《舞臺生活四十年》，《梅蘭芳全集》第一卷，頁 156。

著」，既要具備寫意特質，又需展現壓抑的美感，水袖不能灑得太放太過，動作也不能過份輕佻，正如梅派傳人李玉芙（1938～）所指出老師梅蘭芳運用「含在內裡的勁」平翻水袖，〔註 40〕因為趙豔容乃是裝瘋並非真瘋，而是「一種態度，不卑不亢，涉於諷諫，蓋瘋而諷矣」，〔註 41〕和尚小雲的代表作《失子驚瘋》不同。而演員在舞臺上扮戲已是假裝，又得在劇中刻意瘋癲敷衍趙高；而更重要的是《宇宙鋒》安排「啞奴」——作為表情溝通的腳色，無論是否為傳統戲改造的首創，此舉絕對堪稱梅蘭芳成功打造的優勢之一，梅蘭芳設身處地體會劇情與劇中人融合一體，自言：

> 從趙女裝瘋以後，同時要做出三種表情：（一）對啞奴是接受她的暗示的真面目；（二）對趙高是裝瘋的假面具；（三）自己是在沉吟思索當中，透露出進退兩難的神氣。這都是要在極短促的時間內變化出來的。〔註 42〕

在表情運用上必須清楚區分層次，劇中趙豔容三個表演的對象：啞奴、父親、自己，與啞奴之間是通力合作、相互呼應關係，以眼神與手勢和啞奴點頭會意；與父親之間是緊張衝突關係，口唸著上天入地言詞，表面上以蘭花指手式假裝抽出趙高幾根鬍鬚，還需帶點滑稽輕鬆的味道，但實際上的本質卻是淒苦無助；而不僅只合作與衝突的雙邊關係，還有一層是豔容自己和自己的心理喊話，運用「打背供」的方式表達身陷逆境進退維谷的左右為難，半實半虛、悲喜雜揉的表演模式提升了整齣戲的境界與深度。

此齣傳統戲《宇宙鋒》與前章所述的《霸王別姬》，俱以戲劇力度與歌舞表演同步兼顧：此兩齣腔中抒懷、曲中訴情，運用唱腔細微變化展現虞姬、趙豔容心理發展，突破從一貫正面表演鋪陳劇情、單純進行表面抒情，轉為帶進劇中人的自我心理分析，巧妙利用京劇程式「打背供」自道心事，將劇中主角內心悲涼的一面讓觀眾清楚看到，因此，虞姬面對觀眾時，絲毫未見在霸王面前顯露的強作鎮定，而是將隱藏在兩人對白之下的潛台詞，藉由轉身拭淚的肢體語言純粹呈現；而《宇宙鋒》所刻畫趙豔容腳色更具有難度，在正氣凜然家國意識之外，演出傳統女性的無奈與悲哀，一出場即表演出冷

〔註 40〕李玉芙：〈我跟梅先生學〉，《梅蘭芳藝術評論集》（北京：中國戲劇出版社，1990 年），頁 36。

〔註 41〕梅社：《梅蘭芳》（上海：中華書局，1918 年），頁 90。

〔註 42〕《舞臺生活四十年》，《梅蘭芳全集》第一卷，頁 154。

靜與憤慨的複雜交錯心緒，非得佯裝失序的、不正常的精神狀態才能面對父親，此時的內心情感與外在表演成了相反對立的衝擊，梅蘭芳深刻掌握中國戲曲的演法原理，加上具有拍攝電影的經驗，因此曉得如何面對鏡頭，不僅於此梅葆琛回憶父親梅蘭芳拿放大鏡仔細觀察相片：「他（梅蘭芳）能把臉部在亮相時或唱慢板時給你一瞬間的時間，既能讓你捕捉到理想的鏡頭，且又不影響自己演出的效果，又不使觀眾看出來」。〔註 43〕遂運用這套內外交流的表演系統，不僅臺上劇中人物相互交流，同時也要隨時照顧臺下入戲的觀眾，主角許多心事與話語都只對觀眾言說，因此利用這層「打背供」的程式，俯仰背轉之間道出「兩面為難、兩面做人」的深層內涵，使得《霸王別姬》和《宇宙鋒》在傳統唱工之中添做表、骨子老戲之外增新意，整體調性在「特有的凝重」上更見中和平衡的表演分寸。

（二）著眼戲劇性

1928 年首演於北京中和園的《鳳還巢》，〔註 44〕可說是梅蘭芳風格改變極為特別的喜劇新戲，表演與劇本自成一格，有別於早期《嫦娥奔月》《黛玉葬花》所營造浪漫詩意，並未安排砌末佐搭曼妙輕盈舞蹈以添觀眾視覺享受，或特別突破傳統創新古裝以達美不勝收氛圍，或著眼造型古仕女髮髻以起畫龍點睛效果，身段做表的重點發揮，僅在主角程雪娥簾內偷覷穆居易的「窺婿三看」，以及得知朱千歲與雪娥婚配的「聞報三笑」；唱腔表演集中於三處靈動而富有生氣唱段：【西皮導板】轉【慢板】「日前領了嚴親命，命奴家在簾內偷覷郎君」，以獨特耍腔襯托閨閣少女的靦腆羞澀；【南梆子】「她明知老爹爹為奴行聘，反將她親生女嫁與穆門」，以明快跳躍宣洩一腔幽怨；與大娘老旦一段對唱，【西皮原板】「本應當隨母親鎬京避難」轉【流水】「母親不可心太偏，女兒言來聽根源」，以圓潤俐落行腔營造氣氛。劇本編排方面創作佈局則見技巧、簡單文辭卻見深度，編劇齊如山回歸世道人情題材，設計既有冒名娶親、更有錯認待嫁，機緣湊巧之環環相扣使得情節發展更具戲劇性且張力十足，最後一場洞房的話語交鋒更是梅派新戲的創發，筆者節錄其中一小段：

程浦：阿元帥，前者提起親事，他就大大的不悅，為了何事，何不

〔註 43〕梅葆琛：〈懷念父親梅蘭芳〉，《梅蘭芳藝術評論集》，頁 241。

〔註 44〕梅蘭芳飾演主角程雪娥、姜妙香飾演穆居易、王鳳卿飾演程浦、侯喜瑞飾演周公公、尚和玉飾演洪功、蕭長華飾演朱千歲。

請他名言哪。

周公公：元帥，問問去。

洪功：待我問來，穆大人。

穆居易：元帥。

洪功：程大人言道，他也是一些兒也不知呀，還請穆大人講個明白。

穆居易：阿元帥，此事，晚生實實不願名言，元帥執意要問，我就實說了罷。

洪功：實說的好。

穆居易：當初定親之後，程年伯要我住在他家，有一日晚生不辭而別，請問程年伯，他可曉得？

在此之前的梅派新戲沒有如此複雜且推動情節的對白，儘管念白重要不得忽視，例如前階段《西施》劇中「水殿風來秋氣緊」的核心唱段中，西施一人獨白「自到吳宮，十分得寵……」，但是觀眾聽的是演員的發聲吐字功力，內行戲迷講究側重字頭、字腹、字尾的反切念法，而非關注編劇寫劇本的敘事功能。反觀《鳳還巢》壓軸洞房一場，滿臺人物個個討俏，一言一語、交錯穿梭推進劇情：穆居易、洪功、周公公、程浦，還有一旁柔腸百轉的程雪娥，面對著愁容滿面唉聲嘆氣的穆居易，兩位媒人是不斷從中斡旋，洪功的傳話調解加上周公公不時的言語幫襯，還有程浦洞悉真相翔實回應，從中清晰可見齊如山所追求的「戲劇性」，通過四個腳色一絲一毫不能錯誤的念白答對製造最後的高潮，而且最為特殊的是這一大段波瀾迭起的對白並沒有程雪娥的戲份，梅蘭芳直到最後才出場念道「我程雪娥好命苦」，泣涕「老爹爹他做事太不檢點」。因此若將 1928 年《鳳還巢》反覆推敲放進梅派新戲編創脈絡，除了王安祈所指出梅派藝術「悠遊自在、觸處生春」的轉型分期之外，〔註 45〕這齣新戲追求的是整體戲劇效果，「承華社」行當齊全生旦淨丑各展風華，〔註 46〕更創造了程雪雁與朱千歲特殊「才貌相稱」的丑角腳色，此時的梅蘭芳聲勢如日中天，一方面已有兩次赴日表演經驗（1919 與 1924 年），一

〔註 45〕王安祈：《為京劇表演體系發聲》，頁 58～60。

〔註 46〕例如筆者每回觀看中國國家京劇院《鳳還巢》，于魁智皆演出劇中洪功一角，在老成穩練中展現調解誤會的幽默妙趣，即使角色的戲份不多、但非常重要，才能營造堆疊出《鳳還巢》戲末的高潮。

方面籌備隔年赴美訪問演出，「明星光環」或是「明星效應」已然成形確立，藝術與票房實力無庸置疑，不需全盤仰賴梅蘭芳個人的光環，編劇可以放手打造對於戲劇性的要求。

二、程硯秋之急起直追

梅蘭芳1928年推出《鳳還巢》的同時，程硯秋亦推出取材於唐傳奇《江采萍傳》之新編劇作《梅妃》〔註47〕，譜江采萍由備受唐明皇寵愛，因楊玉環進宮伴駕而冷落孤單，最終死於安祿山造反亂軍之手，落得梅林下香骨塵埋。本劇劇情的主軸敷演梅妃由受寵、爭寵到失寵的過程，由最初的忻忻得意，「昔日曾手執白玉笛，作驚鴻舞承歡獻媚」，到苦作《樓東賦》，「但到今月幾圓翠華不見，在樓東卷珠箔望眼都穿；賦此篇怎解得愁腸百轉！待何日訴相思淚落君前？」在1939年的《立言畫刊》曾登載如此評論：

> 蓋硯秋演此，自宴宗室親王起，至梅妃被戕亂軍托兆上房止，其以《樓東賦》最哀感動人。蓋即與楊妃同赴帝詔，途中逅遇，梅因以傷恨而返東樓，而歌以《樓東賦》，其絮閣及隔院聞笙歌種種做作，亦頗足使聆者感紅顏薄命之嘆。〔註48〕

梅妃性格恰正似唐朝詩人崔道融〈梅花〉詩作所描述「香中別有韻，清極不知寒」，別有一番無懼風霜、孤高絕俗之錚錚氣度，因此寫下《樓東賦》寄意表情，繼之回覆聖上密賜珍珠的詩作「柳葉雙眉久不描，殘妝和淚污紅綃；長門自是無梳洗，何必珍珠慰寂寥！」程硯秋將原詩編為【南梆子】，與上述《文姬歸漢》胡笳第十四拍入以絲弦，具有異曲同工之妙。同樣的宮闈題材，相對於獲得五大名伶新劇之梅蘭芳《太真外傳》，以雍容華貴的楊貴妃作為主角、梅妃作暗場處理；程硯秋的《梅妃》〔註49〕則安排楊貴妃與梅

〔註47〕此齣延遲至1930年於北京演出，延遲演出之原因，根據程永江說法有三：一為政局不穩、二為鳴和社發生倒戈事件、三為籌組中國戲曲音樂院之事宜，詳見程永江：《我的父親程硯秋》（長春：時代文藝出版社，2009年），頁92。

〔註48〕沈正元：《梅妃》，《立言畫刊》第30期（1939年4月22日），頁6。收入於陳志明、王維賢選編：《立言畫刊京劇資料選編》（北京：學苑出版社，2009年），頁187。

〔註49〕後輩演員李玉茹根據金仲蓀、程硯秋的本子進行重新編排《梅妃》，其改動的重點在於：「通過皇帝無情、朝廷腐敗，突出了梅妃在宮廷中的不幸遭遇，以及她潔身自好的性格。」而濃縮精簡為八場：梅亭賜號、選楊定情、樓東賦詩、絮閣爭寵、梅亭哀怨、小宴驚變、焚宮梅殞、回鑾驚夢，此劇本對於最

妃兩人同場較勁，藉著對立的衝突以營造高潮，更凸顯了梅妃的失落淒涼，由此更可見程硯秋繼《紅拂傳》後逐步與梅蘭芳一較高下之企圖。而此時的程硯秋獨闢蹊徑以藕斷絲連低迴婉轉之「程腔」，確立自身名伶的特性位置，更對於其他演員的承續起了不小效應，以筆者翻閱《申報》所見，1928 年 1 月 26 日第 25 版廣告介紹坤伶新豔秋至上海恒記第一臺演出：「天姿國色仙容月貌腔調新穎表情細膩程派衣缽歌舞雙絕文武二黃青衣花衫坤角」，詳如圖 5-4，筆者特將「程派衣缽」四字畫圈標註：

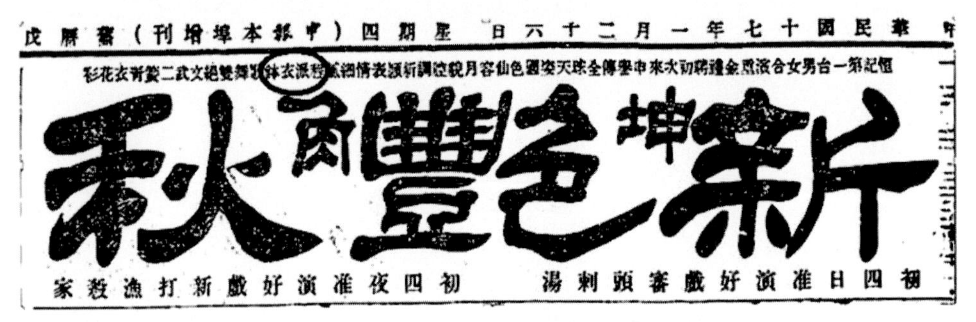

圖 5-4：「程派衣缽」新豔秋廣告宣傳

新豔秋年齡僅比程硯秋小六歲，儘管欲拜師程硯秋未果，轉向王瑤卿問藝求教，不僅「摟葉子」觀摩偷戲苦心學程，日後 1932 年更策動「鳴和社倒戈事件」，重金挖角程硯秋「鳴和社」演員，〔註 50〕大張旗鼓藉著「程派」旗幟宣傳，由此反襯足見 1928 年青衣「程派」已然成形，而程硯秋在 1930 與 1940 年代的新戲，唱腔雕琢與新戲風格皆具有更進一步的發展轉向，以下分由兩部分進行論述。

（一）融針砭現實於抒情造境

1930 年代初期軍閥割據烽火連天，在這樣的時代背景局勢之中，程硯秋毫不避諱表現對於政治風潮的關注，金仲蓀也為其編造相互呼應的劇本，接

後一場進行重新設計，刪除梅妃上場與唐明皇重逢，自然除卻原本〔西皮快板〕感嘆「紅顏未老恩寵先衰」動聽唱段，如此整理反倒不如程硯秋版本的那般具有戲劇張力了。劇本收入於《李玉茹演出劇本選集》（上海：上海文藝出版社，2010 年），頁 181～290。《李玉茹談戲說藝》（上海：上海文藝出版社，2008 年），頁 182。

〔註 50〕詳見程永江編撰：《程硯秋史事長編》，上冊，頁 245。又見王安祈：〈名伶「灌唱片」心態探析〉，《錄影留聲　名伶爭鋒：戲曲物質載體研究》，頁 25～57。

連演出新戲《荒山淚》與《春閨夢》，在明顯的反戰訴求中醞釀而成的劇目，如何跨越政策戲「有所為而為」侷限而成為代表劇目？

《荒山淚》為金仲蓀基於「苛政猛於虎」的概念而定名，演明朝末年朝廷課徵人丁賦稅，高氏一家人無力繳納，父子入山採藥不幸遭虎吻身亡，孫子寶璉被抓，一連串意外災難接踵而至，媳婦張慧珠由程硯秋所扮演，孑然一身孤苦伶仃，仍被差役追繳賦稅，最終遁逃深山自刎身亡。此劇又名《祈禱和平》，1956 年經程硯秋將劇本加以整理潤色後，由吳祖光擔任改編、導演之職，拍攝成為電影片，亦是程硯秋生涯唯一一部的流傳影片，〔註 51〕筆者對照影片與趙榮琛學習心得文章進一步分析，〔註 52〕這齣戲的重要場次唱段有三、情緒亦有三次轉換，一為「夜織待夫」，〔註 53〕主角張慧珠眼見公公和丈夫採藥未見回程，二更時分所唱【慢板】「對孤燈思遠道心神不定，不知他在荒山何處安身」，「程」、「身」二字低音拖腔聲聲淒婉，鼓打三更突然間聽到窗外傳來聲響，第一個念頭，猜測是兩人返家便出門探望，【原板】「忙移步隔花陰留神窺定，原來是秋風起掃葉之聲」，此句聲腔由高轉低、表情緒由起轉落，四更時分「聽畫鼓報四更愈添淒冷，看姣兒正酣睡恐被風侵」，張慧珠回過神來替嬌兒披上衣裳後，嘆道這漫漫長夜如何度過，此時緩步走向紡織機，一邊投梭織絹、一邊憂心忡忡：「莫不是半途中偶然得病，莫不是遇猛虎不幸傷身」，藉著紡織壓抑克制內心焦慮。以上這段由幽婉悱惻【西皮慢板】開始、轉稍快【原板】【回龍】、再轉節奏更為明顯的【二六】、搖曳【搖板】作結收尾，代表著揣想臆測到期盼落空的層次井然情感變化，不僅吐露張慧珠對丈夫公公的擔憂，更使觀眾能體會到張慧珠一家人渺茫未知的命運。

二是「獻衣抵稅」，張慧珠一人肩挑重擔，面對公公與丈夫喪身虎口，索稅差役又上門催討，眼見得家中已別無長物，貧無立錐之地，迫不得已只好

〔註 51〕《荒山淚》前記註明為：1957 年程硯秋拍攝成彩色影片，見《程硯秋演出劇本選集》，頁 8。而本文此處是按照筆者觀看《荒山淚》VCD，其中片頭註明 1956，詳見《荒山淚》VCD（北京：北京北影錄音錄像公司出版，俏佳人發行，1956 年）。

〔註 52〕趙榮琛：〈淺談我對《荒山淚》學習和演出的心得體會〉，收入中國戲曲家協會北京分會、程派藝術研究小組：《秋聲集：程派藝術研究專集》（北京：北京出版社，1983 年），頁 95～113。

〔註 53〕以下唱詞，詳見《程硯秋演出劇本選集》，頁 319～320。

將丈夫衣物抵稅，在如此窘迫困苦的時刻，張慧珠有感而發：

張慧珠：睹物思人淚難忍，衣上猶存體上溫；
宵來堂上同歡慶，
一夜間，妻留塵世，你入黃泉，生死永離分。
念兒夫耕讀採藥多勤奮，秉賦仁厚性溫存；
艱難困苦都受盡，
為繳惡稅，那顧生死；明知山有虎，逼向虎山行；
那猛虎多兇狠，這父子雙雙把命傾；
誰料想才出囚籠遭虎吻，婆母兒都做了未亡人。
高堂母老兒年幼，號飢啼寒不忍聞；
這滔天大禍誰存問，索賦的公差又到門；
無奈何把亡夫的衣衫來換活命，這度日真如受苦刑！〔註 54〕

張慧珠睹物生情亦傷情，撫摸著僅存衣衫，彷彿丈夫仍舊相伴在旁，但是一夜之間生死兩隔，回憶起過往夫妻之情，不禁悲從中來，這段【西皮搖板】便是在這樣絕望的心理上完成了，俞振飛曾這樣描述「程腔」：「完全是從人物本身需要發出的聲音。我們已經知道他的劇中的主人公的特徵，具備著一種堅強的性格，因而他的唱腔也就不可能是纖弱無力、萎靡不振。如果注意傾聽一下程腔時，就會清楚感覺到那種如泣如訴的哀怨聲調中，別有一股鋒芒逼人的東西存在。」〔註 55〕程硯秋唱腔特質、聲音形象行塑此類悲劇性文本人物，在行腔時的抑揚頓挫、輕重緩急中，確有一股鋒芒畢露的深切詮釋力量。抒情唱段之後則是激烈「搶子」場面，運用搭配「勾、挑、撐、沖、撥、揚、撣、甩、打、抖」，展現繁複水袖飛舞技巧，程硯秋自言：「拍攝舞台記錄片《荒山淚》，一共用了二百多個水袖動作。」〔註 56〕導演吳祖光亦說：「舞臺上程的表演，靜時如止水，疾時如旋風。」〔註 57〕圖 5-5 之左圖為筆者自程硯秋《荒山淚》電影搶子「屁股坐子」身段截圖，右圖為奔走荒山的圓場水袖身段截圖。

〔註 54〕《程硯秋演出劇本選集》，頁 325～326。

〔註 55〕俞振飛：〈談程腔——悼硯秋同志〉，《程硯秋百年誕辰紀念文集》，頁 161。

〔註 56〕參見程硯秋：〈略談旦角水袖的運用〉，程硯秋著、程永江編、鈕葆校勘：《程硯秋戲劇文集》（北京：華藝出版社，2009 年），頁 423～424。

〔註 57〕吳祖光：〈周公遺愛　程派千秋——追記拍攝電影《荒山淚》〉，收入中國戲曲家協會北京分會、程派藝術研究小組：《秋聲集：程派藝術研究專集》，頁 228。

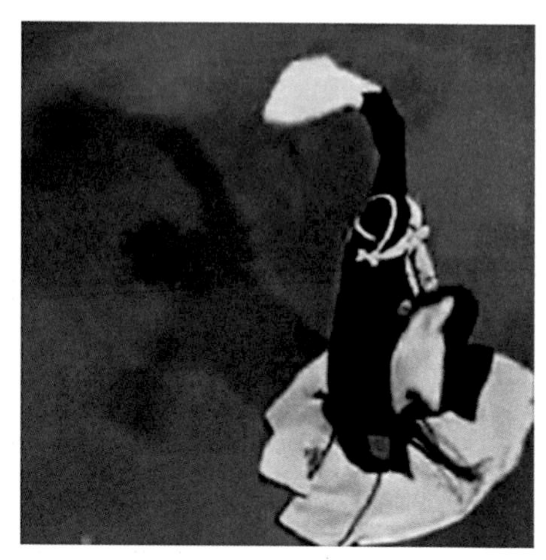

圖 5-5：程硯秋《荒山淚》身段

三是最後一場的「荒山逼稅」〔註 58〕，到此情節已經進入高潮，張慧珠家破人亡心灰意冷之下，不顧猛虎奔走荒山，面對追趕而至的公差，她直白宣洩了痛恨朝廷的橫征暴斂，表達對卑劣環境的憎惡不滿，寧死不願忍辱苟活，以二黃作為劇尾基調：「眼見得十室中九如懸磬，眼見得一縣中半死於兵，眼見得好村莊變成灰燼。」尤其是「灰燼」二字，程硯秋唱得細密而帶剛烈、氣充而顯峭勁。而在服裝方面，更首創「女富貴衣」的行頭，衣衫襤褸、一貧如洗用以凸顯深陷走投無路之絕境。程硯秋成功演繹從相夫教子勤慎持家的少婦，在理法儼然失序的氛圍下，由恐懼畏怯到憤恨難平，淺吟低腔裡有引頸望夫的款款深情、鋒利高腔中帶控訴亂世的真切激烈、水袖揮舞裡見誓死護子的不屈不撓，最終慧珠徹底心灰意冷，手持利刃、往崖邊走去：「我不如拼一死向天祈請，願國家從此後永久和平。（電影中的最後一句唱詞改為：「願世間從此後永久和平」。）一步一步邁向無底深淵，顯現人生無常之悲劇性。

與《荒山淚》有異曲同工之妙，〔註 59〕同樣反映當時社會局勢的是 1931

〔註 58〕根據趙榮琛先生對於「淺談我對《荒山淚》學習和演出的心得體會」一文所述：唱詞以三個「我不怪」——不怪二公差、不怪縣太爺、也不怪楊嗣昌，三個「眼見得」——眼見得由於暴政。參見趙榮琛：〈淺談我對《荒山淚》學習和演出的心得體會〉，收入中國戲曲家協會北京分會、程派藝術研究小組：《秋聲集：程派藝術研究專集》，頁 110～111。

〔註 59〕〈程派新劇「春閨夢」明晚在中國戲院首演〉，《天津益世報》，1937 年 3 月 3 日。

年《春閨夢》，〔註 60〕首先必須說明的是關於「編劇者、作者」的問題，如同梅蘭芳的新戲存在「梅派戲編劇著作權的模糊化」現象，〔註 61〕《春閨夢》的作者，一說為金仲蓀，另一說為當時京城名票吳菊痴，〔註 62〕但因其身份較具爭議性，〔註 63〕程硯秋相關的文史記載多所隱而不談。

《春閨夢》取自唐朝陳陶「可憐無定河邊骨，猶是春閨夢裡人」詩句，敷演王恢與妻子張氏新婚不久，即被強徵入伍，在陣前奮勇殺敵，卻不幸戰死沙場。妻子張氏日夜掛念積思成夢，夢得王恢解甲返家，但倏忽間又是兵荒馬亂、戰鼓紛喧，張氏驀然驚醒悵然若失。本劇情節簡單，「劇本的目的就在抒發一個閨中少婦思念征人的心境」，〔註 64〕但是編劇之難即是難在此處，厲害之筆也就在此處呈現，編劇將丈夫與妻子的重逢，藉由一場夢境作為主要的抒情架構，正如王安祈所指出的：「《春閨夢》只是一個特寫，展演的只是一段情絲游移的過程。」〔註 65〕筆者進一步分析如下：

整體劇情在金仲蓀細膩鋪陳之下，妻子張氏夢中喜見丈夫歸來，心疼之情表露無遺，立刻詢問丈夫身體狀況時的【西皮二六】：「可憐負弩充前陣，歷盡風霜萬苦辛；飢寒飽暖無人問，獨自眠餐獨自行！可曾身體蒙傷損？是否烽煙屢受驚？」〔註 66〕重逢除了驚喜雀躍之外，心中自然存在些許疑慮，先知道丈夫安然無恙後，卻不禁埋怨起為何一年來了無音訊：「門環偶響疑投信，市語微嘩慮變生。因何一去無音信，不管我家中斷腸人。畢竟男兒真薄倖，誤人兩字是功名。甜言蜜語多好聽，誰知都是那假恩情。」〔註 67〕一副質疑且委屈難伸的模樣，但反過頭來，丈夫也提出疑問未收到關懷書信，妻子張氏霎時間豁然開朗，自己不該錯怪於他，便笑臉迎向丈夫，兩人言歸和

〔註 60〕演出資料參考《春閨夢》（天津：文化藝術音像出版社，2002 年），程硯秋錄音主演，張火丁根據 1946 年演出錄音配像。

〔註 61〕參見王安祈：〈京劇文士化的幾個階段〉，《傳統戲曲的現代表現》（臺北：里仁書局，1996 年），頁 70～71。

〔註 62〕丁秉鐩：《青衣．花臉．小丑》（臺北：大地出版社，1989 年），頁 39～40。

〔註 63〕吳菊痴為《新民報》之局長，與日偽政府有密切往來關係，在中日戰爭爆發後，為日本政府所利用，大陸研究資料多以漢奸稱之。

〔註 64〕關於《春閨夢》的分析，參考王安祈〈大陸劇團來台對台灣戲曲界的影響〉一文中：「劇本抒情美學風格的呈現」，見《傳統戲曲的現代表現》，頁 113～116。

〔註 65〕王安祈：〈大陸劇團來台對台灣戲曲界的影響〉，《傳統戲曲的現代表現》，頁 116。

〔註 66〕《程硯秋演出劇本選集》，頁 364～365。

〔註 67〕《程硯秋演出劇本選集》，頁 364～365。

好開懷痛飲，張氏亦想起新婚甜蜜情景：「被糾纏陡想起婚時情景，算當初曾經得幾晌溫存，我不免去安排羅衾繡枕，莫負他好春宵一刻千金。原來是不耐煩已經睡困，待我來攙扶你重訂鴛盟。」〔註 68〕營造兩人互訴衷曲的溫馨重逢。但轉瞬之間，突然傳來一陣鑼鼓喧囂，夫君不依張氏的懇求，再度衝鋒陷陣勇往殺敵，臺上的氣氛陡然突變，彷彿風雲變色日月無光，張氏不由得激動起來，一開頭的【二黃導板】「一剎時頓覺得身軀寒冷」接續【回龍】轉【二黃快三眼】，節奏越來越緊湊，隨即又轉換場景，劇本上特別註明，台上全黑換回閨房布景，「張氏仍扶几坐，醒，揉眼，沈思，忽喜，忽嗔，忽怒，忽怕。」〔註 69〕更具有「乍見翻疑夢」的失落感。最後丫鬟來報喜信，說老爺真的回來了，但原來是個夢，還說得知老爺消息的最好法子——「還是去作夢」。最後張氏所唱：「今日等來明日等，那堪消息更沈沈；明知夢境無憑準，無聊還向夢中尋。」綜觀張氏入夢的設計安排，可謂是較為新式的編劇手法，差不多同一時期梅蘭芳的《生死恨》，其對於夢境的設計則特地使用了【萬年歡】曲牌，劇本選集清楚寫著「韓玉娘入夢」，夢見程鵬舉衣錦榮歸送上官誥，反觀編劇金仲蓀故意將現實與夢境的界線模糊不清，程硯秋表演一開頭張氏的入夢，只在稍做斜倚桌上姿勢，又立刻緩緩坐正，便讓觀眾臆測張恢是否真的回來了？而後兩人重逢聚首且坐談心，轉瞬之間鑼鼓京胡一響，張恢卻又不顧一切遠離而去，張氏看似將醒卻未醒，恍惚之間乍見一片荒蕪，彷彿夢境與真實的交錯，張氏如醉如痴又如墮煙霧。最後丫鬟的入夢設計與張氏之言，顯然也是經過編劇刻意的安排，藉由丫鬟看似無心之言，勾勒出張氏的幽微心緒，以抒情的語言文辭寫出最深切之情意。

而在表演的環節上，程硯秋表演身段之繁複較《荒山淚》有過之而無不及，所唱的是：

一霎時頓覺得身軀寒冷，沒來由一陣陣撲鼻風腥，
那不是草間人飢烏坐等，還有那一條兒青布青巾，
見殘骸竟裹著模糊血衣，
最可嘆箭穿胸、刀斷臂、粉身糜體、臨到死還不知為著何因。
那不是破頭顱目還未瞑，更有那死人須還結堅冰。
寡人妻孤人子誰來存問，這骷髏幾萬千全不知名。

〔註 68〕《程硯秋演出劇本選集》，頁 367～368。
〔註 69〕《程硯秋演出劇本選集》，頁 369。

隔河流有無數鬼生淒警，聽啾啾和切切似訴說冤魂慘苦，

怨將軍全不顧塗炭生靈，耳邊廂又聽得刀槍響震。〔註 70〕

起伏跌宕而凝重悲慟唱段，彷彿是唐朝李華〈弔古戰場文〉名篇的劇場演繹，似乎真實可見殺戮戰場之腥風血雨，蓬斷草枯中枕骸遍野、矢竭弦絕中骨曝沙礫，筆者觀看張火丁根據程硯秋錄音配像的畫面，以及王吟秋在臺灣演出的影像資料，則見充分發揮腰腿與水袖身段做工，水袖翻舞之沉重花俏、圓場轉身之疾風迅雷，以及縱身騰空一躍的「屁股坐子」，盤腿硬落於舞臺中央，處處精彩絕倫卻絕非賣弄技藝刻意為之，而是將主角張氏內心翻覆若波瀾具象化，觀眾隨著程派唱唸做打而體會劇中人「行過死蔭的幽谷」。因此水袖功夫作為程派表演藝術的一大亮點，有如此的評論：「當今四名旦中，硯秋雖居第二席，不能超過梅蘭芳，然以余之經驗所得，則深覺硯秋實有三項功夫較之蘭芳則有過之無不及。一水袖功夫，在現代旦角中，無能居其右者；二者字眼正確，較蘭芳為講究；三跑場步法，因其有獨到處故能十分乾淨漂亮，亦非蘭芳所能及。」〔註 71〕程硯秋即使在扮相嗓音不如梅蘭芳之得天獨厚，但以高難度水袖圓場略勝一籌，尤其程硯秋中年之後身材魁梧偉岸，如何藏拙表現「靜若處子、動如脫兔」更見其收放自如的功力。

至此，程硯秋這幾齣明確命題中蘊蓄邃奧、編演企圖裡意義深刻，形成有跡可尋的發展脈絡，對照在其 1931 年〈檢閱我自己〉文章中，「猶之乎從平陽路上，轉入壁立千丈的高峰，現出一個思想的急轉彎」：

金先生是一個從政潮中驚醒而退出來的人，他早已看清楚武力搏擊有百弊而無一利。死去的羅先生也是如此。我先後受了羅金二位先生的思想薰陶，也逐漸在增加對於非戰的同情。加上近年來我遇著李石曾先生，使我對於人生哲理、國際情勢和民族出路，比較得到一點認識，頗有把我的整個生命獻給和平之神的決心。〔註 72〕

筆者更進一步蒐羅檢視資料，藉由臺灣國家圖書館所藏程硯秋撰本《苦兵集》之李煜瀛（石曾）先生〈苦兵集序〉一文以補充說明：

禦霜先生之新劇以悲壯為特長，以倡明道義心理為職志。近年中國

〔註 70〕《程硯秋演出劇本選集》，頁 369。

〔註 71〕程永江：《程硯秋史事長編》，頁 422。

〔註 72〕程硯秋：〈檢閱我自己〉，程硯秋著、程永江編、鈕葆校勘：《程硯秋戲劇文集》，頁 6。

> 苦於兵役，故程劇有鼓吹和平之傾向，民國十三年初演之聶隱娘劇，乃表現此傾向之最早者也。繼之以荒山淚初演於民國廿春，又繼之以春閨夢，初演於廿秋，今又有手鈔之苦兵集，於是程先生非戰戲曲家、和平戲曲家之稱洋洋乎盈耳。（此文作於民國廿年）〔註73〕

綜合程硯秋說法與李煜瀛見解，《聶隱娘》的搬演已開新戲鼓吹和平先河，繼之《荒山淚》、《春閨夢》緣事而發的創作動機愈加明顯，情節鋪排與人物掌握都緊扣「非戰」與「和平」主題，而金仲蓀動筆編劇之時，絕對是有意識的因應演員特質以安排劇情，使程硯秋能利用自己獨特唱腔去詮釋劇中人物，在劇情與表演兩者之間，取得一絕佳的平衡點，也正因為編演的成功，這些新戲到今日才能一演再演。相對於1935年搬演的《亡蜀鑒》又名《江油關》，編劇為吳菊痴，另有一說為陳墨香，〔註74〕藉由改編《三國演義》第117回情節，對於日本侵略華北表示明顯不滿，劇情為魏蜀兩軍交戰，江油關蜀將馬邈懼敵，欲不戰而降，其妻李氏曉以大義苦心勸解，馬邈假意允諾，但最終仍將江油關拱手獻與敵將，李氏悲憤填膺自刎身亡，整體劇情簡單，僅以五場之篇幅，編劇便將情節清楚交代，劇中人物個性鮮明，馬邈的貪生畏死賣國求榮，李氏則抱持著寧為玉碎、不為瓦全的決心，自刎之前直白「願國人齊努力共保神州」，雖烙下特殊時空搬演的深刻印記，然而此劇僅在北京中和戲院演出兩場後被迫停演，但由此可見程硯秋和劇作家的創作理念是一致的。

（二）《鎖麟囊》與編劇翁偶虹的合作

若談起程派藝術巔峰之招牌劇目，《鎖麟囊》無庸置疑自是代表，回顧自1940年4月29日首演於上海黃金戲院之後加演不斷：「黃金大戲院，每晚觀客盈門，連演10場，10場皆滿。再加演10場，依然座無虛席，盛況不減。之後又應觀眾要求，再演了5場《鎖麟囊》。」〔註75〕隔年即錄製唱片，1950年代歷經一連串的禁演曲折風波，最終仍無法以此部最為屬意的劇目拍攝成為電

〔註73〕程硯秋撰，金仲蓀編選：《苦兵集》（北京：據程硯秋手鈔本影印，北平和平紀念堂石印本，1931年），頁1。

〔註74〕曲六乙：〈略談程派劇目〉，《程硯秋的舞臺藝術》（北京：中國戲劇出版社，1959年），頁129。

〔註75〕見劉斌昆：〈情深誼長憶硯秋〉，《禦霜實錄——回憶程硯秋先生》（北京：文史資料出版社，1981年），收入程永江編撰：《程硯秋史事長編》（北京：北京出版社，2000年），頁439。尤其1946年與梅蘭芳一度打對臺糾纏難分，一在天蟾、一在黃金舞臺，最終程硯秋推出《鎖麟囊》而贏了上座。

影，程永江於2010年出版《我的父親程硯秋》，附錄中一文〈《鎖麟囊》祭〉敘述：「謹以此文來告慰他老人家，他嘔心瀝血以慈悲心腸、精湛藝術創作的《鎖麟囊》，歷經滄桑而依然傳唱不衰，他老人家有知，當含笑九泉了！」〔註76〕

1939年翁偶虹（1908～1994）時任中華戲校專職編劇，受程硯秋請託而展開合作，翁偶虹自言十八歲曾一睹程硯秋的文姬演出，當時還以「麟聲」原名撰寫〈文姬歸漢劇序〉一文，留下這樣的劇評：「爰有程郎素工協律，本現身說法之旨，作犧牲色相之人，摹意效情，歌衫舞袖，鏡中人呼之欲出，絃外語悠然可尋，憐他情種十八拍，譜作皮簧，我亦曲淫二三語，聊為歌引。」〔註77〕由此可知，翁偶虹和程硯秋前兩任專屬編劇羅癭公和金仲蓀，同樣是愛好京劇的忠實觀眾，還曾經學習花臉粉墨登場票戲，但特殊不同之處，在於翁偶虹為筆耕不息之「職業編劇」，相繼與眾多劇團名伶合作，五十年編劇生涯伏案執筆劇本達百部以上，「乃選其較為愜意而受之於廣大觀眾者」，〔註78〕挑擇八齣劇目為其劇作選集：《鎖麟囊》、《周仁獻嫂》、《將相和》、《大鬧天宮》、《響馬傳》、《西門豹》、《紅燈記》、《白面郎君》。在這些編劇作品中，可見翁偶虹編劇有其隨機應變，以家喻戶曉的生淨對手戲《將相和》為例，1949年原為北京新中國實驗京劇團之李少春與袁世海所編寫，由於李、袁因故分裂、排演擱置，翁偶虹再為太平京劇團之譚富英與裘盛戎修改劇本，正如翁偶虹回憶「兩臺人選，一時瑜亮，藝術處理，各有千秋」，〔註79〕針對不同演員特質而局部增刪，為求發揮演員所長而因人設詞，看準銅錘花臉裘盛戎既宏厚凝重、又高亮玲瓏的嗓音，較架子花臉袁世海唱腔「悅耳多姿、移情多采」，因此多處分寫兩種版本、提供合乎兩位廉頗條件的唱詞；有其因時制宜，在政治主導「三突出：高、大、全」原則中，稟持「摸索、改裝、蛻化、創新」想法打造革命樣板戲《紅燈記》，〔註80〕獨特編創形

〔註76〕程永江：《我的父親程硯秋》（長春：時代文藝出版社，2009年），頁271。

〔註77〕收入於《霜傑集》，《中華歷史人物別傳集》第89冊（北京：線裝書局，2003年），頁507。

〔註78〕翁偶虹：〈前言代序〉，《翁偶虹劇作選》（北京：中國戲劇出版社，1994年），頁1。

〔註79〕翁偶虹：〈生淨爭趨《將相和》〉，《翁偶虹編劇生涯》（北京：同心出版社，2008年），頁287。

〔註80〕由翁偶虹與阿甲根據同名滬劇改編而成，主要執筆者為翁偶虹，參見翁偶虹：〈千秋功過記「紅燈」〉，《翁偶虹編劇生涯》，頁390～402。朱家溍：〈憶偶虹兄〉，《故宮退食錄》（北京：北京出版社，1999年），頁868。

式要求之下，卻能粹練唱詞精準刻畫人物，〔註 81〕而列於劇作選之首的《鎖麟囊》，更見翁偶虹命題編劇功力與創作理念。

翁、程兩人合作期間，翁偶虹先是新編帶有濃重悲劇色彩之《甕頭春》，描寫主角史寄愁謀職困難與擔任「女招待」之艱辛，一方面備受職場顧客侮辱，一方面遭遇家人歧視懷疑，最終淪落殉身碧波的慘烈結局。〔註 82〕此時 1939 年的程硯秋確以悲劇見長蜚聲劇壇，百轉千迴聲腔透怨悔愁緒，婉轉悽惻韻味傳幽恨深情，所以讀完《甕頭春》劇本的程硯秋提出這樣看法：「許多朋友和觀眾都說我演的節目裡，悲劇太多了」，詢問「是否先寫個喜劇性的本子，調劑調劑」，〔註 83〕且當時正逢山東水災之故，基於回應戲迷輿論以及對於社會的使命感，於是以既有的焦循《劇說》轉引胡承譜《隻麈談》「贈囊」故事，〔註 84〕希望編劇以此數行小說素材創造適合程派喜劇，而翁偶虹自言其動筆思緒與醞釀過程：

> 每編一劇，只要深入了素材或有關劇本，腦子裡就像出現了一個小舞臺，想到了什麼情節，就彷彿看到了那個小舞臺上許多劇中人在那裡活動，把創作思想搞得很繁雜，往往從設想人名開始，就出現了這個人物形象，並涉及到穿戴扮相。開筆寫戲，在寫作臺詞和唱詞的同時，又湧現了這些人物在那小舞臺上的位置調度與做、表、舞蹈，隨之而來的就是鑼鼓節奏，順筆而流，自己認為可供參考的，也就不厭其煩地寫在劇本上。〔註 85〕

程硯秋所提供的只是極為簡短故事輪廓，編劇翁偶虹「腦中有舞臺、心中有人物、胸中有調度、筆下有鑼鼓」，撰寫劇本以「寫人物為中心」為起點，〔註 86〕因此朱墨為文、順筆而流發揮成為《鎖麟囊》：劇中主角富家千金

〔註 81〕王安祈：《當代戲曲》（臺北：三民書局，2002 年），頁 50。

〔註 82〕翁偶虹：《翁偶虹編劇生涯》，頁 125。

〔註 83〕翁偶虹：〈《鎖麟囊》編寫前後〉，收入中國戲曲家協會北京分會、程派藝術研究小組：《秋聲集：程派藝術研究專集》（北京：北京出版社，1983 年），頁 114。翁偶虹：〈鈍針初繡鎖麟囊〉，《翁偶虹戲曲論文集》（上海：上海文藝出版社，1985 年），頁 165～169。

〔註 84〕〔清〕：焦循《劇說》卷三（上海：古典文學出版社，1957 年），頁 62～63。

〔註 85〕翁偶虹：《翁偶虹編劇生涯》，頁 126。

〔註 86〕翁偶虹自言：「我從寫劇以寫人物為中心談起，談到成功的傳統劇目，都是以塑造人物為一劇之本，戲的情節是由有血有肉的人物支配的，也就是說情節是由人物與人物之間的關係、矛盾以及矛盾發展、矛盾激化、矛盾解決，表現於生活中的一切姿態而決定的，而並不是情節支配人物——先有情節，再寫人

薛湘靈，出嫁當日於春秋亭避雨時，惻隱之心慷慨贈囊與一貧寒女子趙守貞。後薛湘靈因洪水災禍頓時孤苦無依，淪落至一盧府家中為僕，伺候盧家小少爺天麟，某日因登樓拾球，卻無意發現往昔相贈的鎖麟囊，道出這一連串的巧合，盧家夫人即是趙守貞，乃協助薛湘靈，使其一家重逢團圓。《鎖麟囊》之所以成為經典，一是劇情緊湊文辭優美，二為板式變化多端與新編唱腔動聽，兩者缺一不可。詳細論述見於第七章。

第三節　荀慧生與尚小雲持續發展個人劇目

相對於梅蘭芳與程硯秋一度因戰停演，此階段荀慧生與尚小雲兩人仍持續編演開創專屬劇目，荀慧生經由「白社」不遺餘力的扶掖擁護、出謀劃策而躍居名伶地位，更由編劇陳墨香的打造下別尋出路，在有自信的狀態之下發揮自我特長，尤其將表演特質與劇本分析結合，有這樣一份著名的劇目分類：〔註 87〕

表 5-5：荀慧生「六大」劇目分類

六大喜劇	《元宵謎》《丹青引》《繡襦記》《勘玉釧》《紅娘》《卓文君》
六大悲劇	《釵頭鳳》《杜十娘》《魚藻宮》《紅樓二尤》《霍小玉》《晴雯》
六大武劇	《陶三春》《大英傑烈》《荀灌娘》《盤絲洞》《美人一丈青》《婚姻魔障》
六大移植劇	《花田錯》《趙五娘》《辛安驛》《元宵謎》《香羅帶》《庚娘》
六大撲跌劇	《東方夫人》《蝴蝶夢》《九曲橋》《東吳女丈夫》《大戰宛城》《翠屏山》
六大傳統劇	《販馬記》《玉堂春》《十三妹》《棋盤山》《得意緣》《金玉奴》

由這樣六大項的分類羅列，可看出荀慧生「一人千面」的鮮明特質，不僅文武兼備雙全，飾演各式各樣的人物，詼諧趣味喜劇能嫵媚多姿，肅穆深刻悲劇可低柔淒楚；而尚小雲在既有戲碼劇目的基礎之上，與還珠樓主的合作激盪自身特有的舞臺形象，卻始終不脫兼具青衣端莊與刀馬爽朗的風格，以下分由荀尚兩人論析。

物。更不是像彩頭連臺本戲那樣先定了幾場「彩頭」，為了運用這些「彩頭」而編劇情，再由劇情而想人物。」翁偶虹：《翁偶虹編劇生涯》，頁 212。

〔註 87〕張偉君：〈荀慧生傳略〉，《京劇談往錄》（北京：北京出版社，1985 年），頁 322～323。

一、陳墨香打造荀派

綜觀編劇陳墨香一路為荀慧生量身打造的專屬劇目，新戲題材「得險於平」，「多表演民間生活，對於平民之愛情悲情」，〔註 88〕且善於掌握運用荀慧生柔和婉轉之唱腔藝術，以下由《紅樓二尤》、《勘玉釧》、《紅娘》劇目分別論析。

（一）《紅樓二尤》兼談「一趕二」

紅樓戲在民國初年掀起的一波熱潮，〔註 89〕可說是由「南歐北梅」歐陽予倩〔註 90〕與梅蘭芳所分別主導引領，梅蘭芳 1915 年搬演古裝新戲《黛玉葬花》，穿著根據古畫所創新的束腰服飾，營造飄零無依的悲劇性女子形象，劇情擷取以黛玉見落紅無主而荷鋤葬花片段，並沒有完整連貫的情節，加上齊如山有意識的擷取崑曲，整體合歌舞演故事所呈現的是一股詩情畫意，講究的是「意境之高遠，聲容之優美」，〔註 91〕而坦言自己是「紅迷」的荀慧生，所演出的紅樓戲包括以下六部劇作：〔註 92〕

表 5-6：荀慧生紅樓戲列表

劇　目	編　劇	首　演	錄音資料
《寶蟾送酒》	歐陽予倩	1919 年上海天蟾舞臺	無流傳
《賈元春省親》	不詳	1920 年上海天蟾舞臺	無流傳
《紅樓二尤》	陳墨香	1932 年北京哈爾飛戲院	1932 年百代唱片「替人家守門戶百無聊賴」、「賢姐姐怎知我心頭悔恨」。1961 年錄音、孫毓敏配像。
《晴雯》	陳水鐘	1937 年北京吉祥劇院	1939 年國樂唱片「你忍心賣我為婢傭」、「我正在睡昏沉芳魂不定」
《香菱》	陳墨香	1938 年北京吉祥劇院	無流傳
《平兒》	陳墨香	1939 年北京長安劇院	無流傳

〔註 88〕怡翁：〈荀慧生之面面觀〉，《戲劇月刊》，1931 年第 3 卷第 8 期，頁 57～64。

〔註 89〕參見李元皓：〈從黑膠唱片看京劇《紅樓夢》戲曲改編〉，《紅樓夢學刊》，2014 年第 3 期，頁 165～189。

〔註 90〕計有九齣：《饅頭庵》、《黛玉葬花》、《摔玉請罪》、《晴雯補裘》、《鴛鴦剪髮》、《鴛鴦劍》、《王熙鳳大鬧寧國府》、《黛玉焚稿》、《寶蟾送酒》，歐陽予倩：〈我自排自演的京戲〉，《歐陽予倩全集》第 6 卷（上海：文藝出版社，1990 年），頁 266。

〔註 91〕張聊公：〈聽歌想影錄〉，《民國京崑史料叢書》第 2 輯，頁 94。

〔註 92〕胡勝、趙毓龍：〈試論荀慧生先生的「紅樓」戲——以《紅樓二尤》為中心〉，《紅樓夢學刊》，2012 年第 3 期，頁 261。

針對《紅樓夢》的鴻篇巨帙，荀慧生所擇選搬演的人物是在寶黛釵三者以外，著重刻畫紅樓丫鬟群芳，第一齣是《寶蟾送酒》，為早期演出場次最多的劇目之一，〔註 93〕至於關於晴雯故事題材，梅蘭芳是以撕扇為《千金一笑》的主軸，歐陽予倩的《晴雯補裘》則以「補裘」到「歸天」，〔註 94〕而藉由留存的《晴雯》唱片，荀派講究輕重抑揚的唱法則多了份狐媚情態，掌握了晴雯不同面向，這些劇中人物最具代表特色與廣泛流傳非 1932 年搬演的《紅樓二尤》（又名《鴛鴦劍》）莫屬，荀慧生 1932 年 4 月 16 日的日記也這樣寫著：「今日兩鐘至館門外購票者擁擠不動，不得購票者約五六百之多。」〔註 95〕足見看客雲集幾不能容。該戲以九場「赴壽、串戲、謀姨、思嫁、授聘、明貞、洩機、賺府、催芳」的篇幅，一人分飾兩角：前演尤三姐與柳湘蓮的戀情，以花旦應工；後以尤二姐與賈璉和王熙鳳的三角關係為主，以閨門旦青衣應工。正因為兩姊妹的性格迴異截然不同，一個是剛強不屈、一個是優柔寡斷，「合兩人的不同遭遇於同一戲中，彼此呼應，兩相對照，更能全面而有力地抨擊舊禮教、舊制度。」〔註 96〕戲劇張力也可因此展現無遺之外，這在當時可說是實驗性質且大膽刻意的嘗試，荀慧生由花旦入行兼學青衣，體認「在一行中全面發展也還是必要的」，這齣戲正可以發揮自己特長，破除行當表演規範侷限，前半唱作之關鍵〈思嫁〉一場，尤三姐這段行腔迂迴之【四平調】：

> 替人家守門戶百無聊賴，鎮日裡坐香閨愁上心來。
> 那一日看戲文把人戀愛，你看他雄赳赳一表人才，
> 回家來引得我啊春雲靉靆，女兒家心腹事，我不能夠解開，
> 也只好捺心情我機緣等待，不如你聰明人遇事和諧。

正因為編劇陳墨香筆觸細膩，詞句提供了敘事情境，劇中人物內心情意因之勾勒鋪陳，荀慧生自述這段意惹情牽的連唱帶做：出場時的面部表情必須得如痴如呆、丟魂失魄，步伐懶洋洋，從首句的寄人籬下無可奈何，第

〔註 93〕王家熙：〈荀慧生早期在滬演劇活動史料（選）〉，《上海戲曲史料薈萃》，總第 5 期，頁 47。

〔註 94〕歐陽予倩：〈自我演戲以來〉，《歐陽予倩全集》第 6 卷（上海：文藝出版社，1990 年），頁 271。

〔註 95〕荀慧生著、和寶堂編訂：《小留香館日記》（北京：中國戲劇出版社，2016 年），頁 231。

〔註 96〕荀慧生：《荀慧生演出劇本選》（上海：文藝出版社，1982 年 2 月版），頁 347。

二句無法排遣的一腔幽怨，第三句憶起柳湘蓮回身低頭羞澀，第四句模擬意中人的颯爽英姿，第五六句自傷身世，雙手並拳胸前平擺表示抑鬱難解，第七句先是右手搖指遠方，接著自指表達難以實現的想望，最後一句則在被尤二姐窺見真情時俯首含顰，〔註 97〕八個句子具有層次抒發情緒，每一句都有身段動作以傳情達意，與梅派擅以整段唱唸作為一個情意單位極為不同。〔註 98〕這段「明思春」表演「不必含蓄，但不能輕浮；要半含憂怨，半露癡嬌」，〔註 99〕筆者觀看孫毓敏根據老師錄音配像，搖首晃腦、抖肩聳膀、咬唇咧嘴，手扯羅帕，尺寸火候則顯過於輕飄。而荀慧生的聲音好似「尾音勾了芡」，〔註 100〕例如「那一日看戲文把人戀愛」的句頭三字聲韻平漫拖長，句尾「愛」字更拉長腔一波三折，使腔迂繞百轉極為跌宕纏綿，更在這句情竇初開唱詞行弦中夾入念白：「那日在賴家，看那清客子弟演唱《雅觀樓》呵」，悠揚低抑中卻帶著幾分羞人答答，加上荀慧生眉宇之間蕩漾著一股媚態、顧盼生情，足見陳墨香是為了荀慧生表演發揮著想，而又在詞句之中提供女性內心的深刻挖掘。

相較於尤三姐多用輕快西皮聲腔，自開頭〈赴壽〉【搖板】「厭繁華暫躲避綺羅豪宴，且往這花園內尋覓清閒」，劍拔弩張的【快板】「大罵賈璉與賈珍，你家鳳姐心腸狠」，〈明貞〉【快板】「妾身不是楊花性，你莫把夭桃例女貞」，運用西皮流利爽快的聲腔特質，掌握尤三姐的不卑不亢、愛恨分明，尤二姐的唱腔則以「二黃」為主，貼切適合其溫馴良善如隨風柳絮，從〈賺府〉抒情【慢板】「鴛鴦劍斷送了手足性命，思想起不由人撩亂心情」，到對平兒傾訴痛失愛子之【二黃原板】「賢姐姐怎知我心頭悔恨，悔當初大不該嫁與侯門」，運用雙袖陡然垂落之「灰心袖」表示徹底絕望，臉面表情呈現憔悴不堪、萬念俱灰，眉目和嘴鼻全帶出慘痛萬狀。〔註 101〕最後〈催芳〉尤二姐臨死之前的【二黃導板轉散板】：

〔註 97〕荀慧生：〈《紅樓二尤》的表演和唱腔〉，《荀慧生演劇散論》，頁 146～147。另參閱朱穎輝：〈雛鳳清於老風聲——從荀本《紅樓二尤》的整理、演出看流派戲的繼承革新〉，《人民戲劇》，1981 年第 4 期，頁 18～20。

〔註 98〕王安祈：〈京崑女性塑造比較初探〉，收入洪惟助主編：《名家論崑曲》上冊（臺北：國家出版社，2010 年），頁 441～483。

〔註 99〕荀慧生：〈漫談「思春」表演〉，《荀慧生演劇散論》，頁 65。

〔註 100〕孫毓敏《絕版賞析》，https://www.youtube.com/watch?v=5SFeoJJILMo。2019 年 4 月 14 日下載。

〔註 101〕荀慧生：〈《紅樓二尤》的表演和唱腔〉，《荀慧生演劇散論》，頁 153。

後悔當初一念差，不該失足我做牆花，

今朝一死歸泉下，死無面目我見張華，

渾身疼痛難掙扎，分明你是惡冤家，

王熙鳳殷勤她都是假，平姑娘的仁義就勝與他，

不如你把我燒焚化，痛斷了肝腸就染黃沙。

這段錄音是複雜情感之錯綜交織，「惡冤家」之「家」字哭音頗有聲嘶力竭，令人不忍卒聽之感，而荀慧生特別指出「面部表情和眼神要隨著唱詞對不同的人用不同的神情」，〔註 102〕對於王熙鳳的憤恨、賈璉的糾結、平兒的感謝都具有特定神態語氣，因此觀眾可以抓住荀派某一瞬間豐富的表情，更可見荀派工筆細描的表演特質，一人有一人之身分，一劇有一劇之特徵：「演悲情則聲淚俱下，演喜劇則駘蕩春風，演驚逃則柔絲風嬝，演忿恨則玉厲珠稜」，〔註 103〕接續 1934 年推出的《勘玉釧》，〔註 104〕又名《誆妻嫁妹》，陳墨香根據古典小說《喻世明言》〈陳御史巧勘金釵鈿〉改編而成，前以花衫飾演俞素秋，淒楚哀婉的游絲百轉唱腔中，怨如雨窗泣語；後為花旦趕嬌俏玲瓏韓玉姐，嗲蘇韻味的獨特京白中，嬌若綠柳鶯啼，同樣跨行當表現突破了旦行嚴格分界：錢塘首富俞仁嫌貧愛富，打退女兒素秋與張少蓮婚事，素秋命丫鬟鸞英暗送相贈一對玉釧，不料少蓮學友韓臣冒名頂替與素秋成就好事，同晚盜賊江海亦潛入俞府殺死夫人與丫鬟嫁禍少蓮，素秋喪母失婢一身縞素哭靈，方知自己失身錯配受騙上當，因而羞愧自盡，巡按御史陳智查明源由真相，逮捕江海韓臣問罪還少蓮公道，韓妹玉姐與少蓮兩人結為夫婦作結，非但情節複雜曲折，劇情前悲後喜、人物前莊後諧對比反差極大，表演節奏前緩慢後輕快，甚至鋪陳得有些無厘頭，前半端莊秀麗、柔弱內斂的余素秋施展無奈之中的卑微力量，以相贈玉釧希冀少蓮前來迎娶，卻又無端落入圈套難以脫身，描繪怯懦受制於父卻企圖展現自主能力的女性心態；後半伶牙俐齒、純真無畏的韓玉姐突破禮教成規束縛、社會限制框架，自主爭取婚姻幸福，整體來看跳脫了是非、對錯、善惡之外。而荀派「一趕二」匯合青衣與花旦之長，一人改扮分飾氣質殊異、性格迥然的腳色，正是展示自己兼擅不

〔註 102〕荀慧生：〈《紅樓二尤》的表演和唱腔〉，《荀慧生演劇散論》，頁 153～154。

〔註 103〕怡翁：〈荀慧生之面面觀〉，《戲劇月刊》，1931 年第 3 卷第 8 期。

〔註 104〕參見孫毓敏：〈一人連飾二角：談《勘玉釧》（續完）〉，《中國戲劇》，1996 年第 4 期，頁 54。

同行當的能力、完整刻畫腳色性格的強項，亦體現對於女性人物性格塑造的重視，設計創造「代角」關係讓悲劇改為喜劇收場，前半無力回天的悲慘女子似又復生，讓觀眾能見平凡人生悲劇而同情落淚，亦能感受圓滿喜劇而豁然開朗。除了在新戲安排運用之外，早於 1928 年推出《雙姣緣》，將《拾玉鐲》與《法門寺》兩齣不連貫的傳統劇目連串一起，前以花旦飾演孫玉姣、後以青衣扮演宋巧姣，前半得踩蹺演出孫玉姣放雞出籠、灑米餵雞、引線穿針的娉婷娥娜，後半的宋巧姣字正腔圓的【西皮慢板】，〔註 105〕足見氛圍濃淡的對比安置、節奏動靜的輕重停頓，而梅蘭芳也有極為著名「一趕二」的表演，《虹霓關》頭本前演東方氏、二本後演丫頭，選擇的關鍵則在於人物形象，只演頭本為夫報仇雪恨大戰王伯黨，不演思春動了春情的東方氏，可看出梅蘭芳塑造人物類型之謹慎嚴格，以及刻意追求女性端莊形象。〔註 106〕荀派與梅派對於戲的色澤變換，乃是出於不同的考量，分別勾勒花旦花衫與青衣花衫的路線。

（二）《紅娘》看荀派女性塑造

荀慧生善於小兒女的女性心理刻畫，貼近下層階級的取材與關照，塑造天真爛漫鮮活個性的人物形象，飾演小家碧玉獨擅勝場，以花旦為主角的劇目，例如《鐵弓緣》的陳秀英、《拾玉鐲》的孫玉姣、《辛安驛》的周鳳英等，以及《紅娘》、《花田錯》、《荷珠配》，同樣的丫鬟群芳詮釋，荀慧生自言「演人不演行」，「同是丫鬟但卻都有各自不同的性格，也不能同樣處理。」〔註 107〕其中又以俏麗多姿的紅娘享譽劇壇最為流行，荀派最為著名的代表劇目非《紅娘》莫屬——「十旦九荀」、「十荀九紅（娘）」，1936 年與編劇陳水鐘根據王實甫《西廂記》改編，不選崔鶯鶯作為主角發揮，而是情有獨鍾選擇了丫鬟紅娘，在崑曲舊有折子戲《佳期》與《拷紅》已深入人心之基礎上，荀慧生著重「歌頌這一見義勇為、成人之美的青年女性」為出發點，〔註 108〕以張

〔註 105〕王安祈：《當代戲曲》，頁 512～513。

〔註 106〕王安祈：〈梅蘭芳以雅正為女性塑造的內在隱衷〉，《臺灣學術新視野》（臺北：五南文化事業，2007 年），頁 814～837。

〔註 107〕荀慧生：〈談學習、練功和旦角的表演〉，《荀慧生舞臺藝術》，頁 47。李玉茹：〈談三個花旦角色——孫玉姣、金玉奴、陳秀英〉，《戲劇論叢》第 4 期，頁 94～102。

〔註 108〕《荀慧生演出劇本選集》，頁 127。首演何佩華、高維廉、何盛清、張春彥，分別飾演崔鶯鶯、張君瑞、崔夫人和白馬將軍。

生與鶯鶯情事為綱領，紅娘傳書遞柬促成兩人共度佳期，在崔夫人的拷打逼問中仗義執言、據理申辯，演出後深獲好評、屢演不衰：

表 5-7：《紅娘》劇本前後比對

1936 年戲曲期刊《影與戲》〔註 109〕	《荀慧生演出劇本選》
遊殿、驚艷、借廂、詢紅、薦父、鬧齋、聞警、許婚、下書、乞師、解圍、殺賊、請宴、賴婚、寄柬、待月、跳牆、著棋、賴簡、探病、題詩、酬簡、慫僮、責僧、佳期、拷紅、歸櫬、囑別	驚艷、許婚、悔婚、琴心、傳柬、逾牆、佳期、拷紅

由上表今昔場次的對照羅列，1936 年首演當年場次多達二十八場，我們今日所熟悉的《紅娘》版本更顯濃縮精鍊，主題更為突出，〔註 110〕除新增〈琴心〉創造新穎別緻【反漢調】唱腔之外，〈悔婚〉一場紅娘穿廊過院且歌且舞的【南梆子】唱段更見荀慧生發揮嗓音特長：「一封書倒作了婚姻媒證，老夫人有嚴命去請張生。日初出春薄寒綠窗人靜，待紅娘在門外咳嗽一聲。」荀慧生吸取借鑑梆子的激揚高亢，根據自身酥嗲嗓音並融合梆子特色，現在京劇習以為常的【南梆子】，〔註 111〕介於京劇西皮與梆子之間的腔調，多出現穿插於西皮腔為主的劇目中，未見整齣戲單獨以【南梆子】演唱，較西皮行腔低迴、尾音也較為柔婉，適合吟景抒懷的舒徐，不宜激昂嚎啕的急促，追本溯源並非皮黃原有的聲腔系統，在彼時民初可算是極為嶄新的腔調，自 1915 年梅蘭芳用於《嫦娥奔月》及其後古裝新戲，遂成為流行的腔調之一，而筆者認為荀慧生所唱【南梆子】更趨細膩輕倩，藉由聆聽 1961 年荀慧生錄音、孫毓敏配像資料，開頭的「一封書」出現帶有梆子味道的高音旋律，「倒」字的尾音有一個流暢輕盈的下滑音，聲音彷彿流水無礙滑溜而下，荀慧生更在唱詞之中加入襯字點綴渲染，例如第二句中「老夫人」、「去請張生」後邊墊上一個「哪」字，加上耍腔而博得叫好聲，以及每句句尾處運用滑音連音裝飾，似乎多出半音延長，小腔襯托亦極自然，腔雖盡但餘音裊裊，因

〔註 109〕〈荀慧生排演西廂：飾紅娘千古艷事曲曲傳〉，《影與戲》，1936 年創刊號。

〔註 110〕《荀慧生演出劇本選》，頁 453。

〔註 111〕梅蘭芳在《嫦娥奔月》中首用南梆子。張正治：〈京劇腔調〔南梆子〕來源研究〉，《中國戲曲學院學報》第 24 卷第 4 期（2003 年 11 月），頁 75～80。楊予野：《京劇唱腔研究》（瀋陽：春風文藝出版社，1990 年），頁 581～601。中國京劇百科全書編輯委員會編：《中國京劇百科全書》（北京：中國大百科全書出版社，2011 年），下卷，頁 595～596。

此聽起來反而形成委婉綿延的旋律情調，陳墨香有此一評：「慧生唱南梆子在諸名旦中要當首指」，〔註 112〕梆子出身的荀慧生唱來更是出色當行。又例如筆者聆聽新戲 1930 年《還珠吟》之【南梆子】：「擁鼻酸吟一向愁，低眉深恨嫁牽牛。」以辛酸淒楚之音，唱出獨守貞潔的節婦烏玉英明珠雙淚垂、含淚對殘秋的寂寞委屈；1932 年《辛安驛》唱片：「見此人他生得十分俊雅，不由得笑吟吟臉泛紅霞。適才間行魯莽你休要驚詫，我和你做一個吳越一家。今夜晚才遂了一生志願，感月老暗地裡紅線來牽。」這段【南梆子原板】聽起來字正腔圓、明白如話，卻又極盡纏綿悱惻、軟媚嬌柔，迂迴細膩低腔卻字字入耳，展現主角周鳳英瞧見英俊少年的悸動傾心；相對於此，梅派【南梆子】就沒有這麼多轉折蜿蜒小腔，例如《霸王別姬》的「看大王在帳中和衣睡穩」【南梆子原板】節奏平穩，行腔用音較簡，在剛柔相濟唱腔中抒發虞姬愁緒難平，在流轉吐字歸韻中展現沉著大器，而荀慧生突破天生嗓音的侷限，唱腔曲線多於直線，藉「腔隨情出」別緻韻調行塑動人形象，將梆子激昂風格融化成為京劇南梆子的流暢清新，在「腔同情異」的變化上加以運用，貼切符合劇中人物的性格形象。

《紅娘》整體情節完整曲折跌宕，首尾連綴起承轉合，重點強調紅娘對於小姐的瞭解疼惜、我見猶憐，在許多地方都有明顯表現，例如「傳柬」一場，崔鶯鶯寫畢書信、擲柬於地，看似灑脫的落下一句：「小賤人，好沒分曉！」便逕自下場離去，紅娘此時唱了一段【四平調】：

> 看小姐作出來許多破綻，對紅娘偏用著巧語花言，
>
> 本來是千金體大家風範，最可憐背人處紅淚偷彈。
>
> 盼佳期數不盡黃昏清旦，還有個癡情種廢寢忘餐。
>
> 非是我願意去傳書遞簡，有情人成眷屬不羡神仙。

【四平調】吸收二黃腔抒情特點，尤其最後一句「有情人成眷屬不羡神仙」，開頭「有情人」三字似唱似說速度極快，「成」字共有三個小節，一出口先略斷、以小墊頭裝飾音過渡，後續拖長腔而無停頓，上下高低相差橫跨八度，〔註 113〕緊接「眷屬」加一襯字「哇」輕輕帶過，最後自然帶出「不羡神仙」似收未收婉轉做結。從荀慧生塑造的紅娘，可以看見主僕上下階層在細

〔註 112〕九畹室主：〈荀慧生之舊劇〉，《戲劇月刊》，1931 年第 3 卷第 8 期。

〔註 113〕張梓媛：〈剛柔竟美〉，收入秦華生主編：《京劇流派藝術論》（北京：京華出版社，2001 年），頁 315。

膩塑造中被重新解構，即使二人情同姊妹，作為相國千金大家閨秀，還是無法輕易透露自己個人喜怒哀樂，而崔鶯鶯的深閨自憐、長吁短嘆，「落花流水愁無限，羞對鸚鵡把心事傳」，自然躲不過旁觀貼身丫鬟一對伶俐明眸目光，紅娘對於小姐心事早已瞭若指掌，可謂透視了小姐的本心，覺得小姐一方面既是可愛可笑、另一方面卻也是楚楚可憐，因此這段【四平調】不僅蘊含紅娘慧眼聰明，看透了小姐粉面蹙眉裡的矯揉造作，微腮帶怒中的佯裝正經，薄面含嗔下的故做提防；更潛藏紅娘的體貼入微細緻周到，知道小姐嘴巴上不明說、可暗地裡分明思念張生，背人處止不住的紅淚偷彈銷黯羅襟，因此紅娘即使面對小姐擺出架子，心中有點委屈不樂意，但也因為瞭解同情而決定願意穿針引線、前往傳柬，義氣肝膽經過一層又一層的鋪疊而展現，並非一股腦兒的直接傾洩而出。

而在〈逾牆〉所設計的棋盤舞更是表演的驚艷亮點，筆者聆聽 1962 年《音配像》演出實況的錄音，從唱段之前的念白「你要老老實實聽我的號令」開始，便可聽見當時觀眾看客極為響亮的熱烈掌聲，以及不絕於耳的叫好聲，足以想見荀慧生此段表演之精彩絕倫：「叫張生隱藏在棋盤之下，我步步行來你步步爬，放大膽忍氣吞聲休害怕，這件事倒叫我心亂如麻，可算得是一段風流佳話，聽號令且莫要驚動了她。」紅娘邊唱邊舞活潑生動，西皮流水輕快節奏搭配手耍棋盤，水袖上下飛落、抖甩轉騰營造翩翩起舞的意象，以及與張生隨著板式嚴絲合縫的對襯動作、迴旋身段，擴大加深歌舞的強度與力度，正是荀慧生所說的：「把唱腔和身段融合為一，叫嘴裡和身上的是一碼事，使紅娘的歌、舞、念、做擰成一根線，有稜有角地出現在舞臺上。」〔註 114〕荀派弟子如得「活紅娘」美譽稱呼的宋長榮（1935～），施展水袖則耍得更為誇張；〔註 115〕崑曲名家梁谷音演出《西廂記》的〈跳牆著棋〉一折時，便是手拿棋盤邊唱曲、邊與張生配合身段，而梁谷音明確表示：「這是她個人的創造，吸收京劇特色對崑劇的創造」，〔註 116〕足以反推證明荀慧生的創造性。

〔註 114〕荀慧生：〈紅娘、金玉奴和荀灌娘〉，《荀慧生舞臺藝術》，頁 36。

〔註 115〕徐凌雲、胡金兆：《活紅娘——宋長榮自述》（江蘇：文化藝術出版社，1989 年），頁。參見宋長榮主演的《紅娘》電影。https://www.youtube.com/watch?v=1N6XfPBCAKs。2019 年 4 月 14 日下載。

〔註 116〕王安祈：〈崑劇表演傳承中京劇因子的滲入〉，《崑劇論集——全本與折子》（臺北：大安出版社，2012 年），頁 367。

在「佳期」一場，紅娘成就小姐張生兩人書齋相會，回望房門已閉、正欲舉袖敲擊，此時紅娘自左向右轉對臺前，臉部下唇與嘴角內收說道「看他二人將門關上，已稱心願。老夫人哪，老夫人！你是枉費了心機唷！」驗證荀慧生所說：「念白雖無板眼，但得有節奏，不能唸成流口轍、一道湯，必須和生活裡人與人的對話一樣才成。」〔註117〕這句由爽朗而低微叫起板，右手向前、帶有口勁唸出「心機唷」三字，並做出指向老夫人的手部姿態，搭配兩手一高一低、一左一右搖擺的水袖，接唱這段低沉婉轉、款款抒懷的佳期頌【反四平】：

表 5-8：荀慧生與趙燕俠改編唱詞對照表

荀慧生音配像、《荀慧生演出劇本選》	趙燕俠 1976 戲曲片〔註118〕
小姐呀小姐多丰采，君瑞君瑞大雅才。 風流不用千金買，月移花影玉人來。 今宵勾卻相思債，一雙情侶稱心懷。 老夫人把婚姻賴，好姻緣無情被拆開。 你看小姐終日愁眉黛， 那張生只病得骨瘦如柴。 不管老夫人家法厲害， 我紅娘成就他魚水和諧。	小姐小姐多風采，君瑞君瑞你大雅才。 風流不用千金買，月移花影玉人來。 今宵勾卻了相思債，無限的春風抱滿懷。 花心拆，遊蜂采，柳腰擺，露滴牡丹開。 一個是半推半就驚又愛， 好一似襄王神女赴陽臺。 不管我紅娘在門兒外， 這冷露濕透了我的鳳頭鞋。

紅娘眼見得小姐與張生兩人雙宿雙飛，神采飛揚了卻一樁心事，這一場成人之美的抒情唱段，1942 年拜師荀門的趙燕俠（1928～），〔註119〕仿效老師荀慧生早期唱法，唱詞露骨直接、纏綿悱惻，紅娘忙碌撮合良緣，卻原來自己孤單一人，強化了羨慕愛情的情緒，卻又得要控制壓抑，思春而後抑制春情的表現，表達繁複錯綜的情感，也因此不難想見當時學荀的坤伶刻意揣摩妖冶，「喜把一雙眼珠連翻幾時下，兩手死糾著手絹，做出百般『蕩』態來」。〔註120〕相較之下，與其他四大名旦所塑造的女性截然不同，尤其程硯秋中後期深負和平的使命感，例如《荒山淚》祈禱和平、《春閨夢》提倡非

〔註117〕荀慧生：〈略談花旦的練功〉，《荀慧生演劇散論》，頁 38～39。
〔註118〕陳均：《也有空花來幻夢：京都聆曲錄》（臺北：秀威資訊科技股份有限公司，2013 年），頁 91。「文革後演紅娘，十二紅有露滴牡丹開之句，稱為黄色。俞振飛建議說，改為露依牡丹開，變通過審查。演出時照樣唱原詞。」
〔註119〕和寶堂：《自成一派：趙燕俠》（上海：上海人民出版社，2010 年），頁 71～74。
〔註120〕檐櫻：〈萬千紅紫拜花王：評童芷苓的紅娘演技〉，《一四七畫報》，1947 年第 13 卷第 12 期。

戰主題，社會改革意識極為強烈；梅派劇目之編排更為謹慎要求端莊雅正，一方面塑造正面女性形象的「身份戲」，「專取歷史上婦女界中一等人物」，〔註 121〕講究溫和端莊、雍容華貴，意在擺脫個人「相公堂子」出身背景，〔註 122〕撇除不演小兒女的思春情懷，自然沒有類似荀慧生飾演幫助小姐、又羨慕小姐愛情複雜心理的紅娘人物；另一方面正因為梅黨文人齊如山提倡「恢復崑曲」，打造專屬梅派的「詩意」風格，劇本文辭華美典雅並搭配載歌載舞，但這樣的匠心獨運，卻形成了梅派劇目比較無法讓演員自在發揮內心抒情的結果，忽略了崑曲其實有非常細膩入心的本質，「劇中人」似乎成為了「媒介」，藉著嫦娥、西施、洛神展現梅蘭芳的唱念作舞，這些人物情緒相對單一簡化，因此梅派戲運用身段舞蹈結合唱腔造境，藉功夫駕馭困難程式身段，非用表情敘說複雜內心，而荀慧生唱做兩繁的紅娘卻反而能深入刻畫，特殊的「唱腔念白語氣化」，〔註 123〕透過劇情層層鋪疊驅動表演能量，將紅娘心思的千回百轉剖析得如此細膩深刻，彷彿寫實拍攝的電影場景，停格鏡頭特寫紅娘，正是荀派強調的「盡力地體貼劇中人物的內心感情，力求消除臺上人物和觀眾之間的隔閡，讓觀眾感到和劇中人親密無間」，〔註 124〕即是曾拜師荀門的李玉茹所體認的「和觀眾親近得很」，〔註 125〕如此一來劇情絕不原地打轉，而是順理成章往下推展，紅娘與小姐、張生的情緒愈加飽滿豐富、關係更加緊密勾連，也因寫實具體讓觀眾產生同感。由上述分析可見荀派善於寫實刻畫世態人情，一方面是承襲自梆子劇種的技巧風格，另一方面與其吸收搬演文明戲的經驗息息相關，擷取文明戲重視生活化表演與情節完整性的經驗，豐富加強塑造人物的能力。

二、尚小雲文戲武唱

尚小雲於 1927 年推出《摩登伽女》，無論服裝造型與表演形式的創新皆引起注目，但爾後並未延續這股變革突破，轉而回歸清逸居士為其量身打造

〔註 121〕張肖傖：〈蒨蒨室劇話〉，《戲劇月刊》第 1 卷第 1 期。

〔註 122〕王安祈：〈梅蘭芳以雅正為女性塑造的內在隱衷〉，收入國科會人文處、彰師大國文系主編：《臺灣學術新視野（國科會文學學門 90～94 研究成果發表）》（臺北：五南文化事業，2007 年），頁 814～837。

〔註 123〕孫毓敏：〈荀慧生大師的「三化三感」〉，《京劇流派藝術論》，頁 91。

〔註 124〕荀慧生：〈序〉，《荀慧生演出劇本選》，頁 2。荀慧生：〈京劇藝術與布景〉，《荀慧生演劇散論》，頁 259。

〔註 125〕李玉茹：〈我學習荀派——一個菱形的多面體〉，《李玉茹談戲說藝》，頁 100。

的俠膽柔腸的劇中人物，俠中有骨、柔中藏剛如《婕妤當熊》、《千金全德》、《玉虎墜》、《卓文君》、《珍珠扇》、《峨眉劍》等劇目，1935 年之後與編劇還珠樓主的合作，〔註 126〕更在烈女英雌之外增添截然不同的色彩。1962 年桑夫導演、尚小雲所拍攝的戲曲紀錄電影《尚小雲舞臺藝術》，包含《昭君出塞》與《失子驚瘋》，是非常珍貴的影像資料，而這兩部原為一崑一京之傳統劇目，經過尚小雲的精雕細琢，「文戲武唱」成為了共同特質，以下由此角度切入討論這兩部尚派經典作品。

（一）《昭君出塞》

昭君出塞和番的題材編寫，自元代馬致遠的《破幽夢孤雁漢宮秋》雜劇，明朝陳與郊的《昭君出塞》雜劇與明人《和戎記》傳奇等，早已流傳甚廣，今日京崑劇種亦常演不衰，在表演環節素來有「唱死昭君、累死王龍、翻死馬童」的說法。筆者仔細將戲曲電影片核對其子尚長春（1928～1993）口述的尚小雲演出身段紀錄，對於曾看過現場演出的章詒和評論心得特別認同，她在《伶人往事》書中是這樣描述：「從頭至尾，只見這個叫尚小雲的又唱又做，載歌載舞，身披大紅斗篷滿場飛，手掏翎子露出雪白的雙臂，太美了！美得像隻展翅遨翔的仙鶴，盤旋而來，飄然而去。」〔註 127〕尚小雲唱唸做舞，手掏雙翎水袖自然落下，便露出皓腕雙臂，營造的是美如仙鶴、翩若驚鴻、疾如旋風之昭君形象，與傳統詩詞杜甫所塑造「千載琵琶作胡語，分明怨恨曲中論」的悲情哀怨昭君大相逕庭，〔註 128〕但卻可清楚尚小雲對於昭君形象塑造的表演風格。而尚派經典的由來，援引曾與尚小雲長期合作的名丑蕭盛萱

〔註 126〕關於還珠樓主筆名的由來，有以下幾種說法。一為李壽民兒女觀賢與觀鼎姐弟回憶父親之說，觀賢、觀鼎：回憶父親還珠樓主母親知道父親「我知道你心中有座樓，那裡面藏著一顆珠子，就用『還珠樓主』作筆名吧！」錄自《人民日報》（海外版）1988 年 3 月 15 日～4 月 2 日；二為葉洪生先生之說明，葉洪生天下第一奇書：《蜀山劍俠傳》探秘（上海：學林出版社，2002 年），頁 5。李壽民早年原有一青梅竹馬，芳名文珠，不幸墮落風塵，李壽民為了紀念這段初戀之情，遂取蘇軾詩句「年來合浦自還珠」的祝禱深意，以「還珠樓主」為筆名，正式展開其近三十年的創作生涯，其武俠處女作也是成名兼代表作品《蜀山劍俠傳》。另有一說，取張籍詩句還君明珠淚雙垂。

〔註 127〕章詒和：〈尚小雲往事〉，《伶人往事》（臺北：時報文化出版公司，2006 年），頁 9。

〔註 128〕出自杜甫《詠懷古蹟》五首之三：「群山萬壑赴荊門，生長明妃尚有村。一去紫臺連朔漠，獨留青塚像黃昏。畫圖省識春風面，環佩空歸月夜魂。千載琵琶作胡語，分明怨恨曲中論。」

（1917～2000，丑角名家蕭長華之子）說法：

> 當年崑班演出的《昭君出塞》，據說是弋腔舊本，所唱屬於弦索調，一般標明是《青塚記》中的一折。它以唱為主，以舞為輔，流傳既久且廣。從尚小雲先生起，將這折戲增首益尾，編成整本的《漢明妃》。〔註 129〕

昔日崑班所搬演的《昭君出塞》，劇本溯源承襲於明代無名氏所撰《青塚記》，曲調屬於弦索調，即是《太古傳宗》所錄之《弦索調時劇新譜》，〔註 130〕劇中由旦扮王昭君主唱全套，曲牌套數是【梧桐雨】—【山坡羊】—【竹枝詞】—【楚江吟】—【牧羊關】—【黑麻序】—【弋陽調】，而蕭盛萱特別註明該劇「以唱為主，以舞為輔」，筆者試圖回顧找尋清末民初京劇演員搬演的紀錄，以擅演崑劇的老夫子陳德霖而言，根據澹雲發表於《國劇畫報》的觀賞回憶評論：

> 陳唱手挽琵琶一技最精。先看琵琶，次抱好，次定絃，次輕攏慢撚，後方欵欵彈去，手指姿勢，俏麗非凡。唱至「漢嶺雲横霧迷，朔風吹透征衣」時，陳立中場，面向右上，以右手揚至右肩，舉袖微顫，左足稍點地，身若颺於風中，絕佳！至「人影稀人影稀……北雁南飛，冷颼颼朔風似箭……又只見曠野雲低，細雨霏霏」，音節急促，哀怨之聲，使人酸鼻，面部表情甚精細。尾聲清悠淡遠，嫋然無盡。〔註 131〕

評論者所描述陳德霖的昭君，手挽金鑲玉嵌琵琶，娓娓彈作斷腸聲，唱至【楚江吟】的身段動作，陳立中場微顫水袖，彷彿孤零置身曠野風塵，最後以餘音裊裊作為收尾，可見得陳德霖時代京班所唱的《昭君出塞》，即使有載

〔註 129〕蕭盛萱述、蕭潤勤記：〈我演《昭君出塞》中的王龍〉，《戲曲藝術》第 16 期（1983 年 8 月），頁 12～13。

〔註 130〕相關研究參見洪惟助：《崑曲辭典》（宜蘭：國立傳統藝術中心，2002 年）；林佳儀：〈《綴白裘》之〈昭君出塞〉劇作淵源與流播〉，《臺灣音樂研究》第二期（2006 年 4 月），頁 143～165。關於昭君題材戲曲研究資料，如文淑菁：《昭君戲曲之演變及其舞臺藝術》（臺北：國立臺灣師範大學，國文所碩士論文，2005 年）。王慧琳：《戲曲舞蹈《昭君出塞》中馬鞭身段之流變——以京劇名伶尚小雲、顧正秋、魏海敏、唐瑞蘭之演出版本為範疇》（臺北：國立臺灣藝術大學舞蹈學系碩士論文，2015 年）。

〔註 131〕澹雲：〈憶陳德霖最後之出塞（上）〉，《國劇畫報》第 22 期（1933 年 6 月 15 日）。澹雲：〈憶陳德霖最後之出塞（下）〉，《國劇畫報》第 23 期（1933 年 6 月 22 日）。

歌載舞的成分，但是仍以唱段抒發人物情感居多，相較對比之下，與尚小雲的電影片所呈現的唱舞並重可說具有相當的差別。

尚小雲早期曾向李壽山學過此戲，於 1935 年推出全本的《漢明妃》，則由編劇還珠樓主根據崑曲《青塚記》改編而成，全本劇情描述畫工毛延壽誤寫丹青，昭君天姿國色、花容月貌被描繪成醜陋容像，漢元帝誤信冷落，後發現昭君美貌立為明妃，毛延壽投奔匈奴，獻上昭君畫像，而後匈奴單于發兵攻漢，元帝無奈遂命昭君和番。當昭君出塞與單于見面，提出三條件：永不許侵犯漢室疆土、將真容託御弟王龍帶回漢朝、斬首毛延壽，以怒斥毛賊「大仇已報平冤憤」作為結束。尚小雲對於全本《漢明妃》是這樣分析：

> 我在《漢明妃》一劇中扮演的王昭君，似乎文戲的動作多，但是在舞臺上絕不能放棄武功的運用。這齣戲，我主觀上要表現王昭君在不同時間和不同環境的三種心情。離家前的王昭君，是個聰明活潑的少女；打入冷宮後，變成滿腔幽怨、終日以淚洗面的宮娥；封妃後又顯得春風得意、儀態萬千。以上的過程與人物的感情都是用文戲表演的（當然也不能缺少舞姿）。但到和番出塞一段，個性爽朗的王昭君，歷經艱危，鍛鍊的堅強了，終於不忍偷生，自刎殉國。在這一段特別是「出塞」一節，就需要運用熟練的武功，載歌載舞，把劇情引向高峰。〔註 132〕

尚小雲與還珠樓主的合作改造，將單演散齣折子增首添尾成為完整情節的《漢明妃》，可對照 1956 年尚小雲的錄音、徒弟孫明珠配像的影音資料，通過這份「音配像」，感受到全本戲的王昭君有三階段層次的差異，離家前的對景自憐，「困人天蝶鶯飛暮春時候，那關睢成雙對轉繞芳洲。葉成蔭子滿枝紅消綠瘦，看落花隨逝水萬種閑愁。」〔註 133〕入宮後的永巷幽怨，「彈不盡的滿腹冤枉，望白雲思故土痛斷柔腸」，盡是抑鬱幽怨意緒；受君恩之封為明妃，春風得意坐擁朝陽宮院，即使穿插舞姿呈現昭君的心緒轉換，整齣戲的風格至此不脫傳統文戲青衣表演手法，而尚小雲便在出塞一折，有意識的根據自身學藝武生基礎，加上丑角扮王龍、武生扮馬童，三人呈現載歌載舞的

〔註 132〕賈自立：〈練功倒倉學習——尚小雲先生對省劇校學生的談話之一〉，《陝西日報》，1961 年 10 月 26 日第 3 版。轉引自李伶伶：《尚小雲傳》，頁 108。

〔註 133〕音配像已改成：「昔日裡有一個惜士孟嘗，亂世道獨坦蕩散淡時光。老爹爹掌越州郡前效戮，不由奴多懷戀打坐明堂。」

形式之美，將劇情導引高峰推向高潮，因此「演出的結果，這一場倒成了全劇的重心。」〔註 134〕所以在 1962 年《昭君出塞》戲曲電影片擷取全本《漢明妃》精華與重點，百官朝臣長亭送別揭開序幕，昭君以【梧桐雨】唱出離別宮門的淚漣難捨，可恨歹賊爭權、漢王軟弱，「文官濟濟全無用，就是那武將森森也枉然」，只落得後宮紅粉出塞和番，尚小雲出場步伐以沉穩莊重的「壓步」登場，〔註 135〕有別於梅蘭芳《貴妃醉酒》擺駕百花亭的風華絕代，不僅展現昭君娘娘的雍容氣度中隱藏的離愁別恨，也表達對於文官武將帷幄無謀、征戰無策的憤懣悲痛；懷抱琵琶上轎接唱【山坡羊】，眼睜睜終究盼不到南來雁，日後要見劉王是難上加難，隨侍在側的御弟王龍一句「來此山路崎嶇，車輦難行，必須換匹馬來騎騎呵！」此時馬童備馬，一連串急速揚鞭、疾走圓場程式象徵降馬過程，昭君也由鳳冠、紅蟒、玉帶之莊婉大器，更衣改換成頭盔（昭君盔）、長翎、狐尾、紅斗蓬出塞服裝，營造剛毅卻不失嫵媚的形象。昭君塞上換馬、出關加鞭是不折不扣重頭戲，坐科時期學過武生的尚小雲，具有紮實武功底子：

> 我在《漢明妃》中《出塞》一場，曾運用了「魁星點元」和「金雞獨立」兩個武生身段。因為我初坐科時學過武生，因此在我旦角戲中，像《梁紅玉》、《穆桂英》中的拉山膀等表演，都是將武生的身架略加變化而使它合乎刀馬旦的英姿。這給我在表演上以很大方便。由此說明工底對於任何腳色都是需要的。〔註 136〕

針對昭君上馬出關與馬上英姿表現，設計運用了不少武生身段，自然不僅只引文所言的「魁星點元」和「金雞獨立」，更重要的是借鑑武生而用於旦行的概念，這又不等同於梅蘭芳與程硯秋融太極武術於旦角舞劍，尚小雲武功根基直接加強了舞臺表演的穩定度與高難度，表演特色可由與尚小雲合作過的擅演關公戲李洪春所描述：「招數分明，一絲不苟，亮相漂亮，而且招數來的急，步法轉身來得快……因為受楊小樓的影響很大，楊小樓的急、快特點感染了他。」〔註 137〕尚小雲與「武生宗師」楊小樓合作的時間非常長，也

〔註 134〕尚小雲：〈略談戲曲表演藝術〉，《當代戲劇》，1959 年第 7 期，頁 32。

〔註 135〕《中國京劇流派劇目集成》編委會編：《中國京劇流派劇目集成》（十四）（北京：學苑出版社，2009 年），頁 2。

〔註 136〕尚小雲：〈略談戲曲表演藝術〉，《當代戲劇》，1959 年第 7 期，頁 33。

〔註 137〕李洪春述、劉松岩整理：《京劇長談》（北京：中國戲劇出版社，1982 年），頁 152～153。

從中受惠良多，兩人合演《湘江會》時默契十足，時稱雙璧，1918年更配演《楚漢爭》之虞姬一角，有所謂的「楊派旦角」稱呼，〔註138〕因此在這樣基礎來看出塞表演，包含上馬前充分運用水袖與雙翎，一連串的抖袖掏翎、雙手顫動抖翎、手腕交錯繞翎、以唇緊閉銜翎，〔註139〕而在整冠束帶、緊鎖征衣的程式動作上，更將傳統繞腕動作提升成為高難度的「飛輪腕花」〔註140〕；攀鞍跨蹬上馬，汲取吸收楊派大武生「抬腿撐腰身一顫」動作；馬上昭君的勁健豪放，如【楚江吟】「漢嶺雲橫霧迷」的表演，左手撩起斗篷，右手緊持馬鞭，大幅度的走「塌身圓場」，斗篷隨著行走如飛的圓場飄逸而起，不僅需要腰部的擎勁和擰勁、雙腿的蹲勁，以及腳腕的軋勁，〔註141〕三股勁頭擰合為一，展現演員身上功力，圓場旋轉之快速俐落，宛若唐朝詩人張祜所寫「裊裊腰疑折，褰褰袖欲飛」，一招一式正貼切符合前引李洪春所說的「又急又快」特點，除此之外，更跨越京劇旦行表演限制，以「大踢腿」、「大滑步」展演「馬飛前蹄」與「馬失前蹄」，皆成為尚小雲滿臺生風的獨特表演技巧風格。

而在尚小雲音亮氣足載歌載舞，以身上斗篷長翎、水袖翩翻、馬鞭舞動構成繁複多樣的身段，展現疾馳趟馬的矯健剛勁，觀眾被演員厲害歌舞、昭君威猛形象所震懾的同時，是這樣擊節讚美的：「專發揮其捨身為國的滿腔幽憤的神情，以綺霞豪俠的態度，演來更覺恰到好處」，〔註142〕但更值得關注的是《昭君出塞》作為「文戲武唱」極致表現下的構思技法，為什麼一路之上沒有大隊人馬跟隨，單只有御弟王龍千里護送？為什麼山路崎嶇捨翠輦換馬

〔註138〕胡世鐸：〈尚小雲的文戲武唱〉，《名旦風采》，頁145～146。也正是如任明耀所指出：「內行人都說，他（指尚小雲）的功架一招一式都留下了楊派的痕跡。為此跟尚小雲配戲的演員必需條件相當，才能配合默契。如梅蘭芳的配演花臉常常是金少山或劉連榮，程硯秋的配演花臉用的是侯喜瑞，荀慧生用的是蔣少奎。以上幾位都是架子花臉，以功架做派為主，然而尚小雲必須有武花臉范寶亭配演。范寶亭有一定武功，所以能同尚小雲合作得好，因范的打法和楊小樓相似，所以跟尚小雲配合默契，演唱起來相得益彰。」任明耀《京劇奇葩四大名旦》（南京：東南大學出版社，1994年），頁115。

〔註139〕《中國京劇流派劇目集成》編委會編：《中國京劇流派劇目集成》（十四），頁3。本文此處援引尚長春口述的演出版本。

〔註140〕鮑綺瑜：〈向尚小雲先生學昭君出塞〉，《人民戲劇》，1980年第12期，頁9。

〔註141〕《中國京劇流派劇目集成》編委會編：《中國京劇流派劇目集成》（十四），頁3。

〔註142〕緒通：〈談尚劇漢明妃〉，《三六九畫報》，1943年第20卷第13期。

匹，卻迎來難以馴服的烈馬？這一連串的安排調度，條分縷析似乎不盡合理、不通人情，正是因為整齣昭君出塞就是「寫意投射」，〔註 143〕表示出塞和番的路途坎坷、前途未卜，昭君的心境跳盪、思緒不寧，當然如此情節可續用文戲表演，以昭君獨自手抱琵琶淚雙垂唱完整齣，從頭到尾情調一致，舞臺氣氛淒清安靜，但明顯只能通過唱腔唱工體會昭君內心惶恐，馬上昭君的特色便無法彰顯，因此尚小雲刻意編排了車輦難行轉為以馬代步，且是一匹兇暴倔強的烈馬，並加上王龍與馬童兩個腳色，御弟王龍可說是敘事學所指涉的「功能性人物」，自長亭護送出塞，也一路配舞，貫穿整齣推動情節，而馬童則為「虛化人物」，馬童的飛腿空翻實代表著馬匹的跳躍奔騰，將烈馬桀驁難馴、難以駕馭特性予以誇張化，如尚小雲自言的：「既要有人，亦要有馬；馬是烈馬，人是佳人。一身二用，神形兼顧」，〔註 144〕如此一來「佳人烈馬」豐富了舞臺畫面，前既有王龍與鳳冠蟒衣的昭君配搭身段，中有馬童與昭君引馬奔馳、策鞭催行等對襯動作舞姿，若僅止於此，演員身段容易重複而疲憊，也許無法支撐全場，因此後更有昭君、王龍、馬童此起彼落互相配舞，三人或「編辮子」繞 8 字、或形成一條橫線同時共進共退，又隨著隊形轉換變化舞姿，配合得嚴絲合縫，在一片荒漠枯枝的布景道具中，呈現「三人忙」目不暇給的變化身段，整體排場變化豐富，營造抽離虛擬寫意美感於嚴謹程式根基，等於是將昭君內心具象化表現出來，而這樣利用戲曲具象化原則於《失子驚瘋》，更加顯得合理化。

（二）《失子驚瘋》

現今京劇舞臺的搬演，如同《漢明妃》單獨演出《昭君出塞》一折，而全本《乾坤福壽鏡》也多只演《失子驚瘋》，不僅止《失子驚瘋》為全劇高潮重心，更是經由尚小雲精雕細琢成為做工吃重的表演焦點。追溯劇本來源，本為南府密本，全本劇情曲折：潁州知府梅俊之妻胡氏懷有身孕，懷胎十四個月尚未臨盆，另一侍妾徐金定暗地買通算命仙，誣陷胡氏定然生產妖魔鬼怪，徐氏與梅俊遂定下殺害之計。丫鬟壽春協助胡氏脫逃，在破瓦寒窯處生下一子，將傳家之寶福壽鏡配戴兒子項上。而後胡氏不幸遭遇強盜金眼豹擄上山寨，兒子

〔註 143〕參見王家熙：〈寫意戲劇觀的經典範本——論尚派《出塞》、《驚瘋》〉，《中國戲劇》，2001 年第 3 期，頁 33～35。

〔註 144〕鮑綺瑜：〈向尚小雲先生學昭君出塞〉，《人民戲劇》，1980 年第 12 期，頁 8。萬鳳姝：〈綺麗霞紅尚派藝〉，《京劇流派劇目薈萃》第十輯，頁 143～149。

幸遇善心人林鶴施惻隱帶回撫養，但胡氏因為失去孩兒而瘋癲發狂，幸好丫鬟壽春細心看照。十七年後，胡氏藉由福壽鏡得以與兒子相認。〔註 145〕1919 年王瑤卿在上海演出時共八本，分為兩晚才能演畢，當時有這樣的說法：「今日之福壽鏡，竟可謂之王劇」，王瑤卿曾教授與掌上明珠嫡派傳人王鐵瑛，以及程玉菁、趙桐珊等人，〔註 146〕尚小雲也正是從王瑤卿手上學會這齣戲碼：

> 我覺得演好配角是在為演好主角打基礎，演不好配角的演員，是一定演不好主角的。《失子驚瘋》這齣戲是我的保留劇目之一，而這齣戲最早就是我陪王瑤卿先生演出時學的。王先生演胡氏，我配演丫鬟壽春。我在演壽春的同時，通過台下學習，台上的薰陶，把胡氏也學會了。〔註 147〕

尚小雲幾部老戲新排的作品，包含《十三妹》、《刺紅蟒》等傳統劇目，根據的版本都是王瑤卿的路子，〔註 148〕特別是這齣《乾坤福壽鏡》，兩人於上海亦舞臺演出，尚小雲在配演丫鬟壽春的同時，經過臺上和臺下同步的學習要領與再三薰陶，將主角胡氏的戲份表演也融會貫通，後經自己精簡改編成為屬於尚派的舞臺本，據吳小如先生的回憶，尚小雲昔日曾一趕二前飾胡氏、後演壽春。〔註 149〕而今可看到成為典範的尚小雲戲曲藝術影片，據此 1962 年演出錄音的音配像資料，由再傳弟子孫明珠配像之外，還有由尚派傳人「榮字輩」楊榮環（1927～1994）1981 年改編的全本《乾坤福壽鏡》明場演出資料，〔註 150〕以下便由這兩個版本相互搭配以分析，在尚小雲戲曲電影

〔註 145〕劇本參見京劇匯編，以及《中國京劇流派劇目集成》編委會編：《中國京劇流派劇目集成》（十五）（北京：學苑出版社，2009 年），此劇本是孫榮蕙教傳的尚小雲演出本。

〔註 146〕陳墨香：《半月劇刊》，1937 年第 17 期，王鐵瑛根據吳小如描述，生前不愛登臺，又不幸早逝，一九三二年，長城公司為其錄製唱片，參見史若虛、荀令香：《王瑤卿藝術評論集》（北京：中國戲劇出版社，1985 年），頁 237。

〔註 147〕尚小雲：〈談四功五法〉，《戲曲藝術》，1982 年第 2 期，頁 24。此為尚長春供稿。原稿是 1962 年尚小雲於山東文局舉辦的尚派藝術學習班上的一次講話，由山東文化局根據講話錄音記成文字稿。又經尚長春與尚長霖先生的回憶做了補充，由蘇移重作整理。

〔註 148〕劉乃崇、蔣健蘭：〈王瑤卿與四大名旦〉，《老兩口談戲》（北京：中國戲劇出版社，2004 年），頁 39。

〔註 149〕吳小如：〈關於《福壽鏡》〉，《吳小如戲曲文錄》（北京：北京大學出版社，1995 年），頁 675。

〔註 150〕根據何永泉（時為劇本整理者與導演）指出，楊榮環在唱段部分更予以加強，包含第一場胡氏登場的西皮慢板，逃跑一場的二黃導板、回龍、快三眼轉散

片中，次子尚長麟（1931～1983）飾演壽春、三子尚長榮飾演金眼豹，先由金眼豹上場揭開序幕，知府夫人胡氏已在寒窰產子，甫登場所唱：

遭陷害逃出門飄零路上，投遠親避災難渺茫堪傷，

懷身孕十四月猶未生養，徐氏妾妒宗嗣她道我身懷妖孕家門不祥，

在花園定詭計要害我命喪，多虧了小壽春患難相助情義無雙，

幸喜得在寒窰麒麟子降，麒麟子降，娘的兒啊！

兒啼哭娘心焦無限淒涼。

這一段著名抒情唱段被收入於《尚小雲唱腔選集》，〔註 151〕板式運用由出場首句【西皮導板】、【慢板】、【原板】、【二六】最後轉【散板】，胡氏內心情緒轉折藉著唱腔變化而具深入刻畫，自述出逃避難、寒窰產子的艱辛過程，尤其「堪傷」二字攻堅拔險，表達身受謀害構陷的憤恨不平，而「徐氏妾妒宗嗣她道我身懷妖孕家門不祥」一句多達十七個字，突破傳統常規固定節奏，唱起來卻能輕重相濟、錯落有致、連珠而下，字字清晰堅實毫無含糊。當胡氏被山賊金錢豹所擄搶，又被壓寨山婆所釋放，隻身脫逃與買餅歸來的壽春重逢相遇之時，驚覺失落了新生嬰孩，於是主僕二人轉至前村尋找，此時在弦樂曲牌聲中，胡氏自思自想做出懷抱嬰孩土臺休憩、遭逢山寇行暴強擄的身段動作，這一連串的表演以默劇形式回憶失子的經過，不僅省略以念白說明的重複雜沓，也有利於劇情推展一氣呵成，胡氏在遍尋不著姣兒蹤跡，猝然倒地後立起大放悲鳴：「一霎時只覺得天昏地暗，悲啼啼淚雙流心不安然，望高山重疊疊姣兒不見」，深沉的領悟瞭解「只哭得咽喉斷也是枉然」，這一段散板是胡氏由悲痛萬分到徹底絕望的關鍵樞紐，自此展開「驚瘋」表演，從「瘋癲三笑」的哭笑相間，第一笑先將水袖向肩甩出，雙目圓睜直瞪壽春，淺淺吐露「哈哈」笑聲；第二笑轉身揚袖背對壽春，笑聲從緩慢轉為稍微急促；到了第三笑則高舉雙臂做拍手狀，發出悽愴悲涼的高亢瘋笑，痛失姣兒的撕心裂肺一層一層傾洩而出，情緒轉折的層次在尚小雲的刻畫下清楚分明。此時此刻的胡氏已是目光迷茫、精神恍惚，所唱「望空中不見兒如刀刺膽」一句，尤其「膽」字的拔高圓亮，正如本論文前處所提《戲

板，結尾團圓一場的散起反西皮二六轉正西皮、快版，參見訪談，http://tv.cntv.cn/video/C10301/31c2a3dffc444b0281bd9d07a04b6b09。2019 年 4 月 14 日下載。

〔註 151〕尚小雲藝術編輯整理委員會主編、許俊德記譜、安志強撰文：《尚小雲唱腔選集》，頁 11～15。

劇月刊》的品評鑑賞，蘇少卿認為尚小雲：「以青衣嗓著名，嗓音亦屬宮，寬亮高圓，上下無礙。」以及張肖傖所說：「小雲嗓音最堅實有勁，自是青衣正宗。」〔註152〕尚小雲正是以寬亮高圓卻堅實有勁的嗓音，恰正貼切傳遞了胡氏情感。

就在轉瞬之間舉目四望，彷彿又見姣兒出現，「忽又見我的兒站立在雲端」，胡氏見日光想像姣兒與壽星老兒在南天門一同飲酒，看行路之人彷彿是四海龍王與姣兒送上糕點，又怒視懷疑壽春將姣兒藏起，而唱至「望空中五色雲瑞靄來獻」，凝神直視、雙手合十，以單腿抬起的金雞獨立「三起三落」，觀看楊榮環的表演，先是左右「撐袖」，接著兩水袖越趨快速且大幅度抖動，轉如旋風、勢如捲雲的「水袖風攪殘雲」，搭配第三次的起落身段，最後以急切抓袖作結，通過高難度的身段技巧表演，將失子的焦急徬徨、痛斷肝腸交互堆疊情緒予以具象化。

在驚瘋之後是大鬧桑園一折，雖然本折主要是交代胡氏兒子下落以推展劇情發展，但胡氏登場的瘋步與木然失神的表現更是觀賞焦點，當林鶴與丫鬟壽春交談之時，站立一旁的胡氏作何表現呢？尚小雲是這樣設計：身體聞風不動、絲毫未移，眼神發直、目露呆滯，似乎自處於一個時空，細緻入微準確的表現了胡氏更為加劇的心神混亂，從胡氏空洞發楞、恍惚如夢的眼神中，觀眾彷彿可看見她內心深處的盼望期待：希冀姣兒快快歸來，也讓整齣戲氣氛一張一馳、一鬆一緊，最後更添加兩句「你看我搖擺，我就擺擺搖」，引弟子孫榮蕙所言：「在胡氏驚瘋下場動作中，與抖袖、抓袖、揚袖、繞袖結合在一起，唱『擺擺搖』三字的【回龍腔】再配合圓場、轉身、擰身、急速下場等身段動作，把胡氏的癲狂形態表現得淋漓盡致。」〔註153〕整齣《失子驚瘋》展現的舞臺畫面，尚小雲以瘋步挪移搭配水袖翻飛表演胡氏的發瘋失序，尤其是水袖的運用，包含由外到內、由內至外的抓袖動作，以及各式各樣如：「抖、挑、撩、甩、揚、抓、背、彈、顛、擺、拋、轉」等技巧，〔註154〕這些動作不僅營造整體視覺的流動美感，觀眾也強烈感受到劇中主角的內心悽

〔註152〕蘇少卿：〈現代四大名旦之比較（徵文揭曉第一）〉，《戲劇月刊》第3卷第4期。張肖傖：〈現代四大名旦之比較（徵文揭曉第二）〉，《戲劇月刊》第3卷第4期。

〔註153〕孫榮蕙：〈談尚小雲先生《失子驚瘋》的表演〉，《中國戲劇》，1991年第8期，頁47。

〔註154〕孫榮蕙：〈談尚小雲先生《失子驚瘋》的表演〉，頁46。

苦；細膩的做表更包含運用眼神說話，對比同樣表現癲狂的傳統青衣唱工戲《宇宙鋒》，尚小雲自己有這樣的體會：

> 《宇宙鋒》上的趙豔容和《福壽鏡》中的胡氏，同樣都表現發瘋，但是趙的瘋是裝瘋，是假瘋，而胡氏的失驚瘋是真瘋。在身手動作上無大區別，在眼神上卻不能完全一致。裝瘋的眼神要滯，而真瘋的眼神除滯而外還要發癡。〔註 155〕

《宇宙鋒》可說是尚小雲早期常演的拿手劇目之一，回顧十七歲（1917 年 1 月）應邀首赴上海演出，戲院在《申報》1917 年 1 月 31 日刊登「天蟾舞臺禮聘最優等南北歡迎娟秀正工青衣」臺詞做足宣傳，前三日的「打炮戲」之一便是《宇宙鋒》的金殿裝瘋，詳見圖 5-6：

圖 5-6：尚小雲 1917 年上海演出宣傳

細觀《宇宙鋒》與《福壽鏡》兩部劇作，在本質上具有真／假、實／虛的動機差別，趙豔容碎衣傷容以佯瘋避禍，胡氏失子焦慮驚慌、痛心疾首而至神態癲狂，演員的眼神表現便非常關鍵，除了要與身段動作一致之外，更需依照劇中主角的狀態而做改變，潛藏於趙豔容瘋態外表之下，內心憂傷悲憤交雜，面對啞奴是真、面對父親與秦二世是假，但假裝瘋癲之嬉笑怒罵卻又帶了點真，直揪趙高鬍鬚的似笑似哭，金殿面君直斥荒淫無道時，眼神看似木然呆滯實透露一絲堅定。而胡氏從發現失落愛子的慌張失措，深受打擊驚詫成瘋，時而清醒無助、時而意沉痴笑，眼睛目光是直瞪瞪的，流露吃驚發楞、呆滯發癡的失神表情，更進一步從整體表現來看，這兩齣傳統「文戲」不約而同皆需要深厚的武功底蘊與舞蹈配合，得充分發揮腰腿與水袖細膩做

〔註 155〕尚小雲：〈略談戲曲表演藝術〉，《當代戲劇》，1959 年第 7 期，頁 32。

表，但又不是過份賣弄炫技，之所以成為由梅派與尚派加以詮釋定調，梅蘭芳對於佯瘋與真實之間兩面做戲的掌握偏向含蓄壓抑，運用「含在內裡的勁」〔註 156〕翻轉舞弄水袖，塑造的主角在「端莊秀雅」的性格類型之外，更提煉出一股「特有的凝重」人物形象；〔註 157〕相較之下，尚小雲以大幅度翻飛的水袖與剛勁俐落的身段動作，舉手投足之間爆發力度十足的表演風格，恰如其分的創造了主角瘋婦姿態，正如他始終謹記在心前輩老師的指導：「水袖也能代表語言，代替人物說話」，〔註 158〕結合唱詞念白搭配自己所創發的「雙托月」、「風攪殘雲」、「單托塔」、「雙托塔」等水袖功夫，〔註 159〕將所見的虛幻景象、心靈深處的哀悽悲痛、神智迷亂的情感轉變做出最為具象化的強烈展現，扣合劇情而非單純賣弄噱頭，也可看出尚小雲在娟秀旦行青衣的表演之外，形塑打造了專屬尚派的「文戲武唱」美學特質。

小結

本階段 1927 至 1945 年政治社會急遽變化，梅蘭芳與程硯秋各創新編劇目以古喻今、借昔諷今，二人從前一時期（1917～1927 年）的師徒傳承學習，轉變為本時期的正面競爭對壘，程派之《荒山淚》與《春閨夢》，尤其編劇金仲蓀強調劇本的抒情性，以「詩意編劇」構建程派表演藝術，量身打造「可以靜、亦能動」的唱做繁重劇目，融針砭時弊於抒情造境：《荒山淚》前後對照、層層遞進、步步蓄勢堆疊情緒，《春閨夢》真幻交織、虛實相映、時空交錯營造情韻，更重要的是藉由這兩齣劇目展現自我創作型態，嘆家國之多難，哀民生之多艱，感黎庶之不幸，反映社會現實透露滿腔激越之情、以揭露時弊表達強烈積極關懷之心，程硯秋雖一度偃旗息鼓，但拾級而登續以 1940 年集程腔之大成《鎖麟囊》奠定程派地位，此時鋒頭幾乎超越梅派；兩相對照，尚小雲與荀慧生不間斷的持續搬演，新戲走向鮮少隱喻含意，題材情節始終有其偏重，尚小雲之傳統戲載歌載舞，體現彰顯尚派文武兼備的舞

〔註 156〕李玉芙：〈我跟梅先生學戲〉，《梅蘭芳藝術評論集》，頁 536。

〔註 157〕王安祈：《為京劇表演體系發聲》，頁 39～40。

〔註 158〕尚小雲：〈從《福壽鏡》一劇的演出看如何刻畫人物〉，《京劇藝術大師尚小雲》，頁 232。

〔註 159〕尚小雲：〈從《福壽鏡》一劇的演出看如何刻畫人物〉，《京劇藝術大師尚小雲》，頁 226。

臺追求，而荀派編劇陳墨香為其度身定作「情節豐厚、情感充沛」的專屬劇目，考量劇情著重整體戲劇性，安置排場營造舞臺氣氛，最重要的是對於劇中女性的精準刻畫、細膩塑造、內在探索，可說是具有「直指人心」之穿透力量，這一風格正貼切符合荀慧生工筆細描、款款深情的表演特質，尤其擅演小家碧玉，以乾旦男身塑女形卻能以同理心描繪女性實屬不易，自然灑脫不失含蓄，活潑多姿卻又講究深度，相輔相成因而提升荀派表演境界，擴展表演能量。

第六章　在新媒體運作中崛起並定型的旦行流派

前言

本論文針對「旦行崛起與流派定型」議題，先採取以時間縱軸上的歷時演變考察，分別勾勒論述清末以至 1945 年間旦行的遞嬗演變與發展脈絡：旦行演員從附屬於老生之配角地位，逐步豐富藝術表演內涵，大幅發展且蔚成派別，使得京劇由「老生掛頭牌」逐步轉向成為「旦行掛頭牌」，四大名旦的表演藝術與所形成的觀賞美學更是影響深遠，而本章則是進一步以橫向觀察梳理並研究闡釋，四大名旦之所以雄踞舞臺開宗立派，在流派紛呈之中屹立不搖，其間所牽涉的幾項議題：「時代變遷」、「新興媒體」包含報紙、期刊、唱片、電影，而這些議題看似獨立自成架構，但實際上卻是彼此呼應之因承關係。藉由具體觀察在時代變遷的關鍵時刻，京劇演員如何因應社會文化思潮，進一步新創造、再發揮，改變表演形式與調整新戲觀點，這將在下一章進行論述；而本章先著手論析：四大名旦如何在清末民初之新興媒體——報紙、期刊、唱片、電影之中崛起逐步發展並定型。最為特別自然是唱片與電影的媒介影響，二十世紀初隨著錄製生產新興科技的傳入，「唱片上的戲曲」成為「舞臺」與「文本」之外的「第三類戲曲」，唱片的「重複播放」和「固定性」，〔註 1〕使得京劇表演藝術的主體——「唱腔藝術」邁向傳唱流行與典範建立，對於菊壇

〔註 1〕容世誠：《粵韻留聲——唱片工業與廣東曲藝（1903～1953）》（香港：天地圖書有限公司，2006 年），頁 23～26。

產生重要影響，與戲園劇院的看戲體會截然不同，改變直接叫好反饋互動的特殊性，唱片與電影走向了單向傳播，但演員灌製的唱片與拍攝的電影，使得聲音影像突破時空與地域流動限制，迅速傳播得以廣泛流傳，對於名伶身份地位的提高產生極大的作用，更直接影響改變戲曲的商業運作與經營機制。

至於報刊作為一項重要資訊載體，發行銷售量領先群倫之上海《申報》，一度躍升華北第一大報之北京《順天時報》，乃至於 1910 至 1940 年代種類繁雜接踵而起的小報期刊，對於當時流行文娛京劇，不僅披露報導京劇名伶演員公領域至私領域，從演出廣告宣傳陣容、詳介劇情提要，成為觀眾觀戲指南；到繪聲繪色演員花事瑣聞、隱私八卦幕後消息，成為讀者茶餘飯後娛樂話題，而本論文著重關注的，更在於報刊所登載大量京劇戲曲劇評，這些觀後文字不只是觀眾分享之心得、戲迷發聲管道，其中或帶有熱衷捧伶追星用意，或蓄意含沙射影抨擊表演，演員面對這些有意無意、正面負面的迴響餘音，反過頭來修正調整演出內容，形成特殊的「觀演關係」互動現象；另一方面，報刊主辦方與主事者有意識的舉辦菊選或徵文，操作名伶排序地位，可視為京劇臻於成熟的里程碑之外，亦是演員相互激烈競爭的最佳證明，構築報刊影響力與演員幕後集團雙向結構的輿論模式。

關於京劇視聽媒介的研究，《中國京劇史》以四頁篇幅點出「京劇唱片與京劇電影」議題，〔註 2〕而研究較具系統者，以王安祈《錄影留聲　名伶爭鋒——戲曲物質載體研究》〔註 3〕一書為創發：在「京劇傳播媒介的演進」前提之下，詳細討論了視聽媒介對於京劇典範所發揮的關鍵作用，涵蓋戲曲「唱片、錄音、廣播、錄像、電影、電視、光碟、音配像」等研究，本章依循此研究方法，分為三節，分由唱片、電影、報刊著手，探究在傳播媒介的影響之下旦行流派的崛起並定型。

第一節　唱片對旦行崛起至鼎盛所起的關鍵作用

本節首先對於唱片的傳入過程簡要介紹，李元皓〈京劇視聽媒介的演進——物質文化與非物質文化相遇（以京劇為例之一）〉研究亦有詳細考證。自

〔註 2〕馬少波等主編，北京市藝術研究所、上海藝術研究所組織編著：《中國京劇史》（北京：中國戲劇出版社，1999 年），中卷，頁 767～770。

〔註 3〕王安祈：《錄影留聲　名伶爭鋒——戲曲物質載體研究》（臺北：國家出版社，2016 年）。

1877 年愛迪生（Thomas Alva Edison，1847～1931）發明世界第一部留聲機（Phonograph），最初以繞著錫箔的金屬圓筒作為錄音材料媒介（習稱蠟筒 Wax Cylinder），將聲音錄製在蠟筒上，亦可藉由蠟筒回放所錄製的聲音，在記錄與還原聲音領域獲得革命性之突破；1887 年伯利納（Emile Berliner，1851～1929）進一步研究製造蠟盤留聲機（Gramophone），以扁圓形塗蠟鋅版作為播放和錄音的媒介，即是唱片（disc）的原型濫觴，較之以往蠟筒留聲機，不僅操作簡便、穩定性高，更可以大量複製，從而為商業化生產提供可能性，至 1890 年代留聲機技術愈加成熟，逐漸發展成為一種「大眾文化媒體」，世界早期留聲機與唱片業的格局逐步奠定基礎，以美國為中心，建立起分布於歐美各主要國家的跨國企業。〔註 4〕而蠟筒留聲機最早於 1889 年由豐泰洋行（Frazar & Co.）傳入中國貿易商埠上海，由 1890 年《格致匯編》之〈新創記聲器圖說〉文章，與 1890 年 3 月 5 日《申報》〈留聲機器題名記〉報導，均視留聲機為西方近代科技文明的發展成果加以介紹，其次才是提供「取樂開心之用」。英商謀得利洋行（Mourtrie & Co., Ld., S.）於 19 世紀 70 年代在上海設立，專門銷售西洋樂器聞名滬上，更敏銳觀察市場變化，率先引進唱片與新式留聲機，別出心裁取名稱為「唱戲機器」以先聲奪人，〔註 5〕並藉助報紙廣告的密集宣傳，帶動引發清末社會娛樂活動的新風潮。以下由「老生唱片」為切入點，整體審視老生唱片，亦可視之為「旦行唱片」的對照組，提出唱片對於旦行崛起以至鼎盛所發揮的關鍵作用。

一、老生唱片

（一）中國首批唱片以老生為主、但已有旦行

隨著留聲機與唱片相繼問世，錄音設備技術的創新嘗試與突破改進，不僅使得聲音之紀錄保存與重複播放成為可能，大量生產複製與無遠弗屆傳播

〔註 4〕葛濤：《唱片與近代上海社會生活》（上海：上海辭書出版社，2009 年），頁 2～14。德國學者史通文（Andreas Steen）著，王維江、呂澍譯：《在娛樂與革命之間：留聲機、唱片和上海音樂工業的初期（1878～1937）》（上海：辭書出版社，2015 年），頁 35～37。

〔註 5〕葛濤：《唱片與近代上海社會生活》，頁 27～41。李元皓：〈京劇視聽媒介的演進——物質文化與非物質文化相遇（以京劇為例之一）〉，《清華學報》第 41 卷第 1 期（2011 年 3 月），頁 174。1897 年英國謀德利公司（Gramophone Company）率先將蠟筒留聲機與圓柱形蠟筒引進上海市場，後續的留聲機、蠟筒、唱片業務分別由謀得利公司、羅辨臣琴行（代理歌林唱片）發行。

的特性，更影響催生近代中國唱片工業的迅速發展，開啟音樂產業的嶄新脈絡。1908 年法國籍樂濱生（Labansat）在上海藉由留聲機設攤，以一張名為〈洋人大笑〉唱片取娛聽眾而大發利市，乃創辦公司命名為「柏德洋行」，即為「東方百代」（Pathe）公司之前身，掛名在跨國企業法國「百代唱片公司」旗下，而灌製唱片礙於技術因素，均是將錄成的母帶送回巴黎加工壓製，再將成品運回中國販售。〔註 6〕百代唱片公司在北京錄製發行第一批「京劇唱片」，〔註 7〕便是由樂濱生邀請「遙吟甫暢」票房王雨田與喬藎臣（1863～1926）主持參與，商請當時名伶名票灌製唱片，筆者根據羅亮生（1889～1971）〈戲曲唱片史話〉研究文章，與著名京劇評論家吳小如（1922～2004）〈羅亮生先生遺作《戲曲唱片史話》訂補〉的考據補正，整理羅列如下：〔註 8〕

表 6-1：第一批京劇唱片演員一覽表

行當	演員與唱片數量	合計
老生	譚鑫培（1 張半）、許蔭棠（2 張）、李順亭（2 張）、王雨田（6 張）、喬藎臣（2 張半）、貴俊卿（1 張）、王鳳卿（2 張）、鄧遠芳（2 張）、張毓庭（1 張）、孟樸齋（2 張）、韋九峰（2 張）、德健堂（2 張）、周春奎（1 張）、周華庭（1 張）	14 人
武生	李吉瑞（3 張）	1 人
小生	德珺如（2 張）、朱素雲（1 張）、張寶崑（2 張）	3 人
花臉	何桂山（2 張）、金秀山（2 張）、梅榮齋（1 張）、訥紹先（4 張）	4 人
青衣	陳德霖（2 張）、孫喜雲（3 張）、姜妙香（1 張半）、陳子方（不詳）	4 人
花旦	路三寶（2 張）	1 人
老旦	謝寶雲（2 張）、龔雲甫（2 張）、羅福山（1 張）、寶幼亭（1 張）	4 人

〔註 6〕Andrew Jones, Yellow Music: Media Culture and Colonial Modernity in the Chinese Jazz Age（Durham: Duke University Press, 2001）。中譯本見宋偉航翻譯：《留聲中國：摩登音樂文化的形成》（臺北：臺灣商務印書館，2004 年），頁 79。

〔註 7〕「中國唱片市場原以英商謀得利洋行為主，法國百代唱片公司便以「京城一等名角」為號召，希望以這批唱片贏得市場龍頭。」陳超編：《圭璋蘊璞——京劇小生祭酒姜妙香紀念集》（北京：中國書店出版社，2010 年），頁 27。葛濤，〈「百代」浮沉—近代上海百代唱片公司盛衰紀〉，《史林》，2008 年第 5 期，頁 27～28。趙炳翔：〈民國年間上海京劇唱片概論〉，《戲劇藝術》，2016 年第 3 期（總 191 期），頁 112～123。

〔註 8〕詳見吳小如：〈羅亮生先生遺作《戲曲唱片史話》訂補〉，《京劇談往錄三編》（北京：北京出版社，1990 年），頁 365～369。羅亮生著、李名正整理：〈戲曲唱片史話〉，《京劇談往錄三編》，頁 397～416。

藉由這批京劇唱片紀錄著「時代的聲音」：在名家薈萃中以老生演員與唱片錄製數量最多，顯示「老生掛頭牌」的現象，除了伶界大王譚鑫培，亦包含奎派老生許蔭棠、汪派老生王鳳卿、名票喬藎臣等，以及多位由票友業伶而後成為職業演員，如：王雨田、貴俊卿（？～1939）、張毓庭、孟樸齋等，俱是善摹譚調、學譚能得形似之譚派老生，王雨田甚至被《梨園佳話》品評為「學譚唱最工」而自成一家，成為最為知名的下海票友。〔註9〕而譚鑫培在此次灌製錄音曾有書信與百代唱片公司：「自話匣輸入中國以來，總未克將真正名角收入。而貴公司此次由喬君介紹，將北京名角全行約唱，一系委託得人，一系機器之靈，引人入勝。敝人受諸君之託，演唱數段，略以塞責。」〔註10〕正如譚鑫培所言，中國唱片事業甫起步之際，經由喬君（喬藎臣）協助百代公司「將北京名角全行約唱」，廣邀名角行當齊整，而旦行唱片包括青衣、花旦、老旦行當，其中青衣包含陳德霖、孫喜雲、姜妙香，這三位旦角演員：孫喜雲演出不多、姜妙香後來成著名小生，兩人對於旦行的影響力並不明顯，陳德霖正是其中最具代表性者，且其唱片資料保存較為完整，錄製劇目為《祭江》、《銀空山》（實為《大登殿》）、《趕三關》，筆者翻閱《申報》1925 年文章如此評論：「陳德霖之嗓音玉潤珠圓實屬天賦，而吐字之有分寸，行腔換氣之得法，更非後生小子所能企及，唱片兩張俱工妙，而『祭江』一片尤受歡迎。」〔註11〕足見其唱片已受關注。關於陳德霖的討論，本論文前有專節論述，此處藉由陳德霖強調：由旦行已入首批灌製唱片的行列，恰正可反映青衣地位高度提升，逐步擺脫陪襯老生的地位，具有單獨錄製唱片的號召能力。

（二）老生流派灌製唱片的「創作型態」：以譚余唱腔為例

譚鑫培作為第一批錄製唱片的老生演員，灌製計一張半：《賣馬》《洪洋洞》兩段，〔註12〕《賣馬》【西皮慢板】「店主東帶過了黃驃馬」至【散板】「但不知此馬落在誰家」，《洪洋洞》【二黃快三眼】「自那日朝罷歸身染重

〔註9〕李元皓：〈早期譚派票友與京劇流派藝術：以 1912 年以前的京劇老唱片為切入點〉，《戲劇學刊》第 13 期（2011 年 1 月），頁 103～130。

〔註10〕龔和德：〈京劇唱片史話〉，《中國京劇》，2009 年第 10 期，頁 21。

〔註11〕老靖：〈百代唱片譚〉，《申報》，1925 年 1 月 15 日第 8 版。

〔註12〕宋學琦：〈譚鑫培藝術年表〉，《譚鑫培藝術評論集》（北京：中國戲劇出版社，1990 年），頁 379。許姬傳：〈譚鑫培的影片蠟筒唱片〉，《許姬傳七十年見聞錄》（北京：中華書局，1985 年），頁 197。

病」，由梅雨田操琴、李奎林司鼓，〔註 13〕而後以「七張半」精品唱片傳世：《賣馬》《洪洋洞》《打漁殺家》《戰太平》《托兆碰碑》《烏盆記》《桑園寄子》《捉放曹》《四郎探母》九齣劇目。「譚派」後繼者以「三大賢」之一的余叔岩（1890～1943）為代表，在繼承譚派基礎上，藝宗於譚而不拘於譚，另創一種既雄渾蒼勁、又婉轉細膩的余派唱腔，〔註 14〕筆者根據「京劇老唱片」網站、傳記與唱腔選集，將兩人灌製唱片整理羅列如下：

表 6-2：譚鑫培與余叔岩師徒錄製唱片表

譚鑫培	余叔岩
1907 年百代唱片（鼓師李奎林、琴師梅雨田）：《賣馬》《洪洋洞》	1923 年百代唱片（鼓師杭子和、琴師李佩卿）：《捉放曹》《探母》《賣馬》《桑園寄子》《法場換子》《上天臺》《一捧雪》《打棍出箱》《八大錘》《戰樊城》
1912 年百代唱片（鼓師何斌奎、琴師譚嘉瑞）：《打漁殺家》《戰太平》《托兆碰碑》《烏盆記》《桑園寄子》《捉放曹》《四郎探母》	1925 年高亭唱片（鼓師杭子和、琴師李佩卿）：《洪洋洞》《戰太平》《李陵碑》《烏盆記》《空城計》《搜孤救孤》《珠廉寨》《八大錘》《魚腸劍》《狀元譜》
	1931 年長城唱片（鼓師杭子和、琴師朱家夔）：《捉放宿店》《摘纓會》《失街亭》《烏龍院》《慶頂珠》《打嚴嵩》
	1939 年國樂唱片（鼓師白登雲、琴師王瑞芝）：《沙橋餞別》《伐東吳》《打姪上墳》

藉由譚余師徒兩人錄製唱片對照，清楚可見劇目幾乎重複相同（表格中畫底線的劇目即是重複），余叔岩灌製唱片可大致分為 1920 與 1930 年代，與老師譚鑫培相同的劇目除《慶頂珠》（《打漁殺家》）之外，其餘均在 1920 年代錄製完成。此處先提一下余叔岩對於灌製唱片的態度，十七歲時（1906）曾以「小小余三勝」藝名灌錄《空城計》西皮慢板兩面、《托兆碰碑》二黃兩面、《慶頂珠》西皮一面，共計五面唱片，但據說余叔岩後來曾打算收回早期唱片，吳小如文章指出：「叔岩晚年曾託人重價物色這幾張古董」〔註 15〕；

〔註 13〕龔和德：〈京劇唱片史話〉，《中國京劇》，2009 年第 10 期，頁 20～24。

〔註 14〕陶君起：〈談談余叔岩先生在京劇唱腔上的創造〉，范石人記譜：《余叔岩唱片曲譜集》（上海：上海文藝出版社，1960 年），頁 9。

〔註 15〕吳小如：〈小小余三勝的唱片〉，《吳小如戲曲文錄》（北京：北京大學出版社，1995 年），頁 793～794。王安祈：〈名伶「灌唱片」心態探析〉，《錄影留聲　名伶爭鋒——戲曲物質載體研究》，頁 48。

壯年時期的余叔岩，看重唱片播揚之力，曾積極請託羅亮生向百代唱片公司表達灌製唱片意願但遭拒絕，〔註 16〕而後當余派聲名大噪，藝術發展臻至顛峰，局勢便陡然改變，唱片公司反過來「費了許多周折，付出極高代價」，〔註 17〕筆者翻閱《半月戲劇》期刊，發現丁慕琴〈漫談余叔岩唱片〉可資佐證，文章指出：不僅技師親赴北京錄製，「其時代價已較梅蘭芳、楊小樓等任何角兒為貴」，〔註 18〕且更加兢兢業業為之錄製唱片，而這位灌製唱片的工程人員如是描述：「百代公司翻製鋼板母型之前，向來例不公開的翻片工作，『從蠟筒（以前舊法錄音都用蠟筒）所錄之音，轉錄至母片底盤、錄成即可浸入電池腐蝕成型』，為鄭重起見竟破例公開」，〔註 19〕並且特邀灌音人員參加，仔細研究聲浪高低以期盡善盡美，足見當時百代唱片公司的重視，亦可想見余叔岩的藝術成就，1939 年發行唱片的版心上譽稱為「余派碩果」。〔註 20〕回到譚余兩人相同劇目、卻是不同唱段（僅《打漁殺家》相同）：

表 6-3：譚鑫培與余叔岩唱片唱詞對照表

譚鑫培	余叔岩
《賣馬》「店主東帶過了黃驃馬」	《賣馬》「站立店中」流水
《洪洋洞》「自那日朝罷歸身染重病」	《洪洋洞》「嘆楊家投宋主心血用盡」
《打漁殺家》「昨夜晚吃酒醉和衣而臥」	《慶頂珠》「昨夜晚吃酒醉和衣而臥」
《戰太平》「嘆英雄失智入羅網」	《戰太平》「頭戴著紫金盔齊眉蓋頂」
《托兆碰碑》「嘆楊家秉忠心大宋扶保」	《李陵碑》「金烏墜玉兔升黃昏時候」
《烏盆記》「未曾開言淚滿腮」	《烏盆記》「老丈不必膽怕驚」
《桑園寄子》「嘆兄弟遭不幸一旦喪命」慢板	《桑園寄子》「此時間顧不得父子恩愛」
《捉放曹》「一輪明月照窗下」慢板	《捉放曹》「聽他言」
《四郎探母》「楊延輝坐宮院自思自嘆」	《探母》「老娘親」

余叔岩灌製唱片的策略，是刻意師法譚鑫培，選擇了同樣的劇目，卻也並非百分百完全複製，如《四郎探母》譚鑫培灌製的是〈坐宮〉「楊延輝坐宮院自思自嘆」一大段，而余叔岩則選擇〈見娘〉選段；譚鑫培《烏盆記》錄製

〔註 16〕翁思再：《余叔岩傳》（上海：上海古籍出版社，2011 年），頁 426～427。羅亮生著、李名正整理：〈戲曲唱片史話〉，《京劇談往錄三編》，頁 101。

〔註 17〕羅亮生著、李名正整理：〈戲曲唱片史話〉，《京劇談往錄三編》，頁 397～416。

〔註 18〕丁慕琴：〈漫談余叔岩唱片〉，《半月戲劇》，1948 年第 6 卷第 10 期。

〔註 19〕丁慕琴：〈漫談余叔岩唱片〉，《半月戲劇》，1948 年第 6 卷第 10 期。

〔註 20〕劉鼎勛：〈高聘卿和他親手灌製的京劇唱片〉，《京劇談往錄四編》（北京：北京出版社，1997 年），頁 510。

反二黃慢板「未曾開言淚滿腮」，余叔岩則選擇「老丈不必膽怕驚」，此段二黃原板雖非反調，但蒼涼沉鬱如泣如訴，哀惋之情溢於歌表。而即使是同樣的唱段，《打漁殺家》「昨夜晚吃酒醉和衣而臥」與師傅譚鑫培相同，但卻能唱出不同味道。〔註 21〕齊如山有這樣的說法：「他（按，為余叔岩）一生腔調，雖然很好聽，但總是沒出了譚的範圍，不能說有什麼創造。腔調如此，身段也是如此。」〔註 22〕齊如山為梅蘭芳編寫多齣新戲，開展京劇旦行新風貌，從此角度來看余叔岩，自然認為余叔岩「沒有什麼創造」，不過齊如山所言「余叔岩一生腔調」，恰正好指出余叔岩窮極一生琢磨腔調、提煉技藝，其「創作型態」並不表現在編演新戲，而在於唱段的再三精研，在師從譚鑫培基礎之上另創境界。除了上述余叔岩對於老師劇目的灌製唱片策略之外，亦得討論對於余派名票的態度因應，以代表名作《沙橋餞別》為例，〔註 23〕此齣戲昔以唐僧為主角、例由老旦反串應工，著名老旦龔雲甫演來極為出色，但此戲甚瘟、罕為演出，而戲中老生飾演的唐太宗則屬配角、戲份不重，余叔岩平生從未正式登台演出，只喜以〈打朝〉一段【慢板】吊嗓練唱，〔註 24〕但與余叔岩交往甚密、經常出入余府聆聽的名票李適可（1892～1959），卻早先一步在南京應南京中央廣播電台邀請，〔註 25〕由百代公司灌製【二黃慢板】「提龍筆寫牒文大唐國號」，而後余叔岩 1939 年灌製唱片特意選擇該齣同段，徐慕雲〈評余叔岩之沙橋餞別〉一文，便指出：「自長城公司灌片後，又有十年沒漏他的法曲了，這回國樂收了他的幾片，似以『沙橋餞別』為最佳，嗓雖稍差，而韻味十足。」〔註 26〕這張唱片余叔岩多處微調潤色，除了「孤賜你藏經箱僧衣僧帽」一句，運用勁頭變化唱出陰平字「箱」、「僧」、「衣」、「僧」避免單調，著重輕重急徐、抑揚頓挫之外，與李適可版本相比，特在

〔註 21〕樊達揚：〈余叔岩與春陽友會〉，吾群力主編：《余叔岩藝術評論集》（北京：中國戲劇出版社，1990 年），頁 63。

〔註 22〕齊如山：〈評余叔岩〉，《齊如山全集》（臺北：聯經事業股份有限公司，2016 年），頁 2284～2285。

〔註 23〕王安祈：〈名伶「灌唱片」心態探析〉，《錄影留聲　名伶爭鋒——戲曲物質載體研究》，頁 51～55。吳小如：〈余叔岩的沙橋餞別〉，《吳小如戲曲文錄》，頁 652～653。

〔註 24〕陳大濩整理：《沙橋餞別：京劇琴唱合譜》（上海：上海文藝出版社，1960 年），頁 1。

〔註 25〕《李適可：沙橋餞別、四郎探母唱片》，《絕版賞析》，由張偉品主講。https://www.youtube.com/watch?v=LdQD2Ntk41Y。2019 年 4 月 14 日下載。

〔註 26〕徐慕雲：〈評余叔岩之沙橋餞別〉，《半月戲劇》，1940 年第 2 卷第 10 期。

「鞍前馬後」唱詞下面加上「涉水登山」四個字，〔註 27〕以求句法音韻之通順，其唱詞的修改設計乃是為了腔調、而非為了唱詞含意，深刻體現余叔岩對於發音吐字的積極深究、行腔用氣的精益求精，正如王安祈所指出：「對自己創發出的腔以及由這些自我創發所累積得來的藝術成果，也就是流派典範的地位及藝術內涵，余叔岩顯然嚴加看守，不容任何人侵奪。」〔註 28〕因此整體而言，譚鑫培雖有「老戲新唱」和「演戲好改舊本」之整舊如新說法，〔註 29〕乃是以遵循傳統核心為前提，針對舊有老戲進行整理、對於唱腔進行調整；自譚鑫培以降，譚派追隨者在繼承模仿之後、又衍生新流派如余叔岩、楊寶森皆沒有私房劇目，均是長期積累再三精煉之共有傳統劇目，表演藝術的重要性——尤其是唱腔遠遠超越劇本，在這樣的傳承脈絡之下，老生的「創作型態」表現在唱腔而非劇目。

二、旦行唱片

至於旦行能與老生匹敵者，以梅蘭芳為代表，加上後起的尚小雲、荀慧生與程硯秋，以下筆者先根據《京劇大師梅蘭芳老唱片全集》、《京劇大師尚小雲老唱片全集》、《京劇大師程硯秋老唱片全集》、《京劇大師荀慧生老唱片全集》羅列四大名旦唱片灌製年代與劇目：

表 6-4：「四大名旦」唱片灌製一覽表

	梅蘭芳	尚小雲	程硯秋	荀慧生
1920	《汾河灣》 《虹霓關》 《嫦娥奔月》 《黛玉葬花》 《天女散花》 《木蘭從軍》			
1922				《西湖主》 《樊江關》 《貴妃醉酒》 《玉堂春》

〔註 27〕余叔岩於 1939 年錄製國樂公司唱片。錄音唱詞見柴俊為：《京劇大戲考》（上海：學林出版社，2004 年），頁 28、276。

〔註 28〕王安祈：〈名伶「灌唱片」心態探析〉，《錄影留聲　名伶爭鋒——戲曲物質載體研究》，頁 52～53。

〔註 29〕楊中中：〈顧曲雜言〉續，《戲劇月刊》第 1 卷第 12 期。

<table>
<tr><td>1923</td><td>《春秋配》
《女起解》
《梅龍鎮》
《西施》
《洛神》
《霸王別姬》</td><td></td><td>《罵殿》
《回龍閣》
《孔雀屏》
《蘆花河》</td><td></td></tr>
<tr><td>1924</td><td>《六月雪》
《武昭關》
《御碑亭》
《寶蓮燈》
《玉堂春》
《醉酒》
《廉錦楓》
《天女散花》
《紅線盜盒》
《西施》
《洛神》</td><td></td><td>《玉堂春》
《鴛鴦塚》
《賺文娟》</td><td></td></tr>
<tr><td>1925</td><td>《祭塔》
《廉錦楓》
《牢獄鴛鴦》</td><td>《春秋配》
《得意緣》
《御碑亭》
《秦良玉》
《刺湯》</td><td></td><td>《鴻鸞喜》
《孝義節》
《虹霓關》
《審頭刺湯》
《穆天王》
《玉堂春》</td></tr>
<tr><td>1926</td><td>《御碑亭》
《嫦娥奔月》
《天女散花》
《西施》
《太真外傳》
《轅門射戟》</td><td></td><td></td><td></td></tr>
<tr><td>1928</td><td>《宇宙鋒》
《春秋配》
《玉堂春》
《麻姑獻壽》
《西施》</td><td></td><td>《青霜劍》
《賀后罵殿》
《紅拂傳》
《梅妃》
《碧玉簪》
《玉堂春》
《朱痕記》
《鴛鴦塚》
《汾河灣》
《女起解》
《文姬歸漢》</td><td>《元宵謎》
《妒婦訣》
《鐵弓緣》
《飄零淚》</td></tr>
</table>

1929	《祭江》 《六月雪》 《武昭關》 《刺湯》 《宇宙鋒》 《四郎探母》 《女起解》 《醉酒》 《廉錦楓》 《紅線盜盒》 《俊襲人》 《春燈謎》 《霸王別姬》 《楊貴妃》 《太真外傳》 《鳳還巢》	《千金全德》 《五龍祚》 《摩登伽女》 《雙官誥》 《打漁殺家》 《二進宮》 《雷峰塔》 《玉堂春》	《碧玉簪》 《寶蓮燈》 《梅妃》 《御碑亭》 《風流棒》 《六月雪》 《金鎖記》 《朱痕記》 《戰蒲關》 《三擊掌》	《釵頭鳳》 《柳如是》 《小放牛》 《丹青引》 《香羅帶》 《紅柳村》 《玉堂春》
1930	《六月雪》 《三娘教子》 《蘇三起解》 《霸王別姬》 《楊貴妃》 《刺虎》 《販馬記》	《探母》 《摩登伽女》 《峨嵋劍》 《珍珠扇》 《回荊州》 《御碑亭》 《卓文君》 《遊園驚夢》 《女起解》 《戰蒲關》 《貴妃醉酒》 《秦良玉》		《貴妃醉酒》 《棒打薄情郎》 《元宵謎》 《釵頭鳳》 《十三妹》 《荀灌娘》 《杜十娘》 《魚藻宮》 《探親相罵》 《盤絲洞》 《翠屏山》 《玉堂春》 《庚娘》
1931	《丁山打雁》 《寶蓮燈》 《四郎探母》 《打漁殺家》 《西施》 《春燈謎》 《霸王別姬》 《太真外傳》 《鳳還巢》	《二進宮》 《戰蒲關》 《南天門》 《武家坡》 《桑園會》 《四郎探母》		《香羅帶》 《荊釵記》 《埋香幻》 《得意緣》 《棋盤山》 《還珠吟》
1932	《彩樓配》 《戰蒲關》 《女起解》 《槍挑穆天王》	《花蕊夫人》 《相思寨》 《二本虹霓關》 《貴妃醉酒》	《桑園會》 《荒山淚》 《柳迎春》 《玉鏡台》	《盤絲洞》 《販馬記》 《玉堂春》 《美人一丈青》

	《四五花洞》 《廉錦楓》 《紅線盜盒》 《俊襲人》 《春燈謎》	《武家坡》 《三娘教子》 《摩登伽女》 《牧羊卷》 《女起解》 《四五花洞》	《文姬歸漢》 《汾河灣》 《四五花洞》	《庚娘》 《辛安驛》 《春香鬧學》 《四五花洞》 《紅樓二尤》 《白娘子》
1933		《牧羊卷》 《青門盜綃》 《相思寨》 《三娘教子》 《林四娘》 《雙官誥》 《秋胡戲妻》 《打漁殺家》		
1934	《六月雪》 《三娘教子》 《審頭刺湯》 《金殿裝瘋》 《探母回令》 《牢獄鴛鴦》 《抗金兵》 《生死恨》	《三娘教子》 《雷峰塔》 《雲韠娘》 《峨嵋劍》 《御碑亭》 《忠孝牌》 《金榜樂》		
1935	《四郎探母》 《玉堂春》 《遊龍戲鳳》 《生死恨》		《亡蜀鑑》 《沈雲英》 《荒山淚》 《回龍閣》 《鴛鴦塚》 《三娘教子》 《春閨夢》	
1936	《四郎探母》 《打漁殺家》 《遊龍戲鳳》 《生死恨》		《三娘教子》 《玉堂春》 《四郎探母》 《御碑亭》 《武家坡》	
1938			《紅拂傳》 《荒山淚》 《女起解》	
1939				《翠屏山》 《晴雯》
1941			《鎖麟囊》	

筆者統計上述唱片資料，劃分新戲與舊戲數目：

	梅蘭芳	尚小雲	程硯秋	荀慧生
總　數	96	56	51	51
新　戲	43	17	24	21
舊　戲	53	39	27	30

在論述旦行唱片之前，先行說明老生與旦行名伶灌製唱片的態度同中有異，相同的是對待新興媒體的態度俱是謹慎而微，但老生接觸錄音科技的時間較早，面對嶄新技術發明的未知，難免存有疑慮、甚至畏懼，出現如此的說法：「很多演員又驚又怕：他們誤以為一旦開口演唱，這個『機器』就把他們的聲音拿走，因為裡面有一個『鬼』，會損壞他們的聲音（他們相信，如果所有嗓音被拿走，他們慢慢就會失聲），所以他們不敢前去錄音。」〔註 30〕演員面對這個意想不到的「西方機器」是既驚喜也擔憂，如名伶孫菊仙便有「平生不照相和不灌唱片的觀念」，〔註 31〕但卻出現許多贗品假借孫菊仙之名、行銷售之實，李元皓即曾對此議題做過考證。因此早期所流行的京劇名家唱片多半是假冒的，正如梅蘭芳所說：「學習舊唱片，首先是要下功夫來鑑定。例如『謀得利』、『烏利文』等洋行發行的譚鑫培唱片都是假的，其中大部分是那些洋行買辦從中搗鬼，冒名頂替。他們為了自己的利益，一方面欺騙聽眾，一方面損害演員的名譽，真是卑鄙可恨。」〔註 32〕冒名頂替的假唱片造成了撲朔迷離的贗品情況，但反過來說贗品的流行，卻也證明快速擴展的唱片嶄新消費文化趨勢，形成一種現代化的娛樂模式。

而等到旦行崛起之後，在前有譚鑫培等大批名伶灌製唱片作為參照，演員深知唱片所帶來的正面效應，包含知名度提升與劇作藝術宣傳，正如余叔岩曾說「藝人的知名度和他的藝術若是插上唱片的翅膀，可以得到更廣泛的傳播」，〔註 33〕筆者翻閱《申報》1927 年 8 月 23 日第 17 版宣傳余叔岩唱片還特地登載「余伶的自述」：「去年金少山晉京，叔岩對他很高興的說道，三

〔註 30〕陳卓瑩，轉引自史通文（Andreas Steen）著，王維江、呂澍譯：《在娛樂與革命之間：留聲機、唱片和上海音樂工業的初期（1878～1937）》，頁 99。

〔註 31〕羅亮生：〈戲曲唱片史話〉，《京劇談往錄三篇》，頁 398。

〔註 32〕梅蘭芳：〈漫談運用戲曲資料與培養下一代〉，收入於《梅蘭芳全集》第三卷，頁 178。

〔註 33〕羅亮生著、李名正整理：〈戲曲唱片史話〉，頁 101。

哥，我在高亭收的唱片，你聽過了麼，說時趕快把唱機搖起，一片一片開給少山諦聽，唱完之後，極得意的說道，要不是高亭收音好，咱門真不賣這麼大的氣力。」因此就四大名旦灌製唱片的情況，以梅蘭芳數量最多、且最早，足見面對灌製唱片相當積極且用心，於 1920 年錄製《嫦娥奔月》、《黛玉葬花》、《天女散花》、《汾河灣》、《虹霓關》，荀慧生 1922 年《西湖主》、《樊江關》、《貴妃醉酒》、《玉堂春》，後起的程硯秋更是早於尚小雲，於 1923 年灌製《孔雀屏》、《蘆花河》、《罵殿》、《回龍閣》，尚小雲 1925 年：《秦良玉》、《春秋配》、《得意緣》、《刺湯》、《御碑亭》，整體而言，四人均在 1920 年代初期便已陸續錄製唱片，對於劇目的選擇採取新舊並舉，不僅傳統戲、更包含甫露演的新戲作品。藉由四大名旦唱片一覽表，可由以下幾個方面分析：

其一，唱片作為演員表演藝術活動的縮影，可見前後時期嗓音特色改變，以梅蘭芳為例，筆者對照聆聽《梅蘭芳老唱片全集》所收錄其 1920 年最早期灌錄的唱片錄音資料，以《汾河灣》【西皮原板】為例：「兒的父投軍無音信，全仗兒打雁奉養娘親。將弓彈和魚鏢與兒拿定，不等日落兒要早早回程。」並非現在習慣梅派之「剛蓄於柔而柔蘊於剛、委婉其外而剛健其中」，〔註 34〕整體而言早期梅蘭芳承繼時小福、吳菱仙、陳德霖以陽剛一派為主的唱工，聲線尖細高亢中清潤脆亮、昂揚剛直中氣充力沛，尤其無音信的「信」字使高腔如一躍凌霄。更進一步藉由聆聽《京劇有聲大考》與《梅蘭芳老唱片全集》唱片錄音資料，〔註 35〕同以《祭江》唱片為例，由老夫子陳德霖 1908 年百代唱片：「曾記得當年來此境，棒打鴛鴦兩離分。從今後永不照菱花鏡，清風一現未亡人。」對照 1929 年梅蘭芳錄製的蓓開唱片：「想當年截江事心中悔恨，背夫君撇嬌兒兩地離分；聞聽得白帝城皇叔喪命，到江邊去祭奠好不傷情。」〔註 36〕兩段抒情二黃慢板，儘管唱詞略有不同而各具明朗特色，筆者引用梅蘭芳弟子言慧珠（1919～1966）說法以資互證：

〔註 34〕梅葆玖、吳迎：〈梅蘭芳演唱藝術的形成和發展〉，《梅蘭芳老唱片全集》，頁 39。

〔註 35〕佚名：〈梅蘭芳唱片與錄音資料統計〉，《上海戲劇》，1962 年第 8 期，頁 9～11。http://www.ximalaya.com/26189003/sound/6916421。祭江唱片。2019 年 4 月 14 日下載。

〔註 36〕http://oldrecords.xikao.com/lyrics.php?id=977。京劇老唱片。2019 年 4 月 14 日下載。

梅先生的唱，早年宗的是時小福一派，同時吸取了陳德霖老先生的唱法，也就是京劇青衣裡老的唱法。這種唱法的特點是，長發細高的聲音，唱腔直線多於曲線，比較動聽。但美中不足的是，這種發音包含的情感不夠複雜多樣。後來梅先生又接受了王瑤卿先生的啟發，力求字音的清楚，在出字、收音方面下了功夫，突破了原有的唱法。他兼演崑曲以後，變化就更大了。〔註 37〕

傳統正工青衣代表人物陳德霖嗓子高亢嘹亮，調門極高致使聲細音尖，如「當年」之「年」、「棒打」之「打」字峭拔尖銳、清剛直硬，尤在「此境」之「境」字上使腔，一再翻高鋒芒畢露直透九霄，梅蘭芳 1920 年的唱片即有此特點；而梅蘭芳在學習繼承陳德霖「陽剛為主、剛多於柔」唱法之外，又得王瑤卿之親授與啟發，吸收其婉轉柔和、起伏頓挫，一方面在張口音與閉口音取得平衡，加強行腔遣調的韌度彈性，另一方面，以曲線唱法更能夠包容人物多面多樣情感，因此如「悔恨」之「恨」字鏗鏘有力卻疾徐有節，「『夫』字前後參有氣口，非但沒有給人以生硬的感覺，反而使人感到飽滿」，〔註 38〕整體調門降低卻顯字正腔圓、聲情並茂，漸脫傳統青衣唱腔直線多於曲線的唱法技巧，改變平衡剛勁有餘而圓潤柔婉不足的行腔風格，如此「近乎傳統又超越傳統」的調整轉變，已與早期嗓音有所區隔。

其二，唱腔作為京劇表演藝術的主體，藉由唱片的保存流傳，更可橫向比較名伶嗓音特質，以尤其著重整體氣勢的尚派唱腔，自童伶階段即以《三娘教子》與「後三鼎甲」之一孫菊仙配搭而先聲奪人，如劇評家張聊公曾於 1916 年觀賞尚小雲的王春娥表演，給予「獨擅勝場，知其日後之定能成名也」的高度評價，〔註 39〕而此處筆者藉由《尚小雲老唱片全集》資料，具體建構尚派音亮氣足高度凝煉的演唱技巧，以下是尚小雲於 1932 年至 1934 年先後所錄製的《三娘教子》選段：

〔註 37〕言慧珠：〈平易近人　博大精深——談梅派唱腔特點〉，《梅蘭芳藝術評論集》（北京：中國戲劇出版社，1990 年），頁 456。

〔註 38〕吳迎：〈梅派演唱藝術的形成與發展〉，《從梅蘭芳到梅葆玖》（北京：中國青年出版社，2011 年），頁 211。盧文勤、吳迎整理記譜：《梅蘭芳唱腔集》（上海：上海文藝出版社，1983 年），頁 6～8。梅葆玖、吳迎：〈梅蘭芳演唱藝術的形成和發展〉，《梅蘭芳老唱片全集》，頁 39。

〔註 39〕張聊公：〈尚小雲與吳鐵庵〉，《聽歌想影錄》（天津：天津書局，1941 年），頁 87～88。

表 6-5：尚小雲《三娘教子》三張唱片一覽表

《三娘教子》唱片〔註 40〕		【二黃原板】轉【散板】唱詞
1932 長城唱片	尚小雲飾王春娥 王少樓飾薛保	王春娥【二黃原板】: 老薛保你不必苦苦哀告，妾身言來聽根苗。實指望教子終身有靠，又誰知平地裡絆跌一跤！你道他年小他的心不小，說出話來如同鋼刀。織什麼機來把什麼子教！ 散板：割斷了機頭兩開交。
1933 蓓開唱片	尚小雲飾王春娥	同上
1934 百代唱片	尚小雲飾王春娥	王春娥【二黃原板】: 老薛保你不必苦苦哀告，妾身言來聽根苗。實指望教子終身有靠，又誰知平地裡絆跌一跤！你道他年小他的心不小，說出話來如同鋼刀。自古道人無有千日好，花開哪有百日嬌。織什麼機來把什麼子教！ 散板：割斷了機頭兩開交。 散板：我哭哇、哭一聲老薛保，我叫、叫一聲老掌家！小奴才下學回我教他拿書來背，誰想他一句就背不出來呀！手持家法未曾打下，他他他倒說我不是他親生的娘！

由早期劇評家的觀看心得，以及筆者聆聽尚小雲唱片與後期戲曲電影所力圖展現的，始終是氣勢如虹的高亢調門，上表所列三張唱片當中，除了1932 年的長城唱片和王少樓配搭，薛保與三娘勸解之外，其於兩張都是尚小雲自己個人獨自唱段，1934 年錄製的百代唱片更加完整，貞靜賢淑的三娘向薛保道出撫育幼兒的辛酸無奈，聆聽唱片尤其當中的「你道他年小他的心不小」，在此對照尚小雲的唱腔記譜：〔註 41〕特別是「他」字與「小」字，調門更是節節翻高，而同樣是四大名旦之一程硯秋，於 1936 年同樣也錄製這段唱片，僅在「他」字發揮高音，整體較為柔和迂迴，〔註 42〕對照之下，尚小雲以立音和高音將「他」字提著氣往高處唱，彷若直入雲霄、雲破月來，節奏先慢後快，具有力度而不輕飄虛晃，緊接著隨之而來的年小之「小」字，更是有如穿越群山峰巒起伏，高低層次分明、抑揚緩急清晰，1934 年完整的原板轉

〔註 40〕https://www.youtube.com/watch?v=MjEcPCUNy1Q。《絕版賞析》。2019 年 4 月 14 日下載。

〔註 41〕尚小雲藝術編輯整理委員會主編、許俊德記譜、安志強撰文：《尚小雲唱腔選集》（北京，中國戲劇出版社，1990 年），頁 161。

〔註 42〕鄭大同、夏邦琦、徐壽星、許錦文整理：《程硯秋唱腔集》，頁 105～106。

散板選段，如同張肖傖的《菊部叢譚》所描述：「其歌剛健勁實，氣沛力足，雖重戲亦能一氣呵成，無始暢終懈之病。」〔註 43〕另一方面，筆者聆聽 1962 年拍攝的《昭君出塞》與《失子驚瘋》電影藝術片，時隔三十年依舊展現堅實剛勁、酣暢通達的直腔直調，可見其一直遵循以陳德霖為代表的傳統唱腔，陳德霖孫子陳志明便直言：「尚先生的演唱是繼承我祖父的唱法。」〔註 44〕而沒有朝柔和處發展改變，沒有主動靠向當時流行的王瑤卿曲折唱法而做變革，自始至終展現其鐵嗓剛喉，因此從整體審美角度來看，梅蘭芳順勢而為的轉變唱腔，反而貼近當時社會對於女性劇中人含蓄柔和感的期待，若將梅蘭芳唱腔定義為剛柔並濟之聲情並茂，程硯秋是外柔內剛的話，那麼尚小雲絕對是剛中隱柔，剛勁成分略多於圓順，因此這樣的特質，扮演傳統戲《四郎探母》神采奕奕的女性政治家蕭太后便相當合適，這段【西皮慢板】就成為尚派經典：「我主爺金沙灘早把命喪，文和武扶哀家執掌軍防。奴聽隨忙掛點親傳官員，一心心要奪取宋人江山，叫番兒忙擺駕銀光寶殿。」正如編輯《尚小雲唱腔選集》之安志強所指出：

> 五句慢板除了最後一句叫散的上句無大的拖腔外，其於的四句慢板都有大拖腔，每個拖腔都氣勢飽滿，表現出紮實的演唱功底，逢高音處，直出無擋，唱滿唱足，而且其中常有一些自高處陡然下滑的所謂「墜腔」，又多有連續下滑的裝飾，稱為「勒腔」。〔註 45〕

尚小雲這一大段蕭太后【西皮慢板】之所以能夠「聲振林木、響遏行雲」，一來句句使用拖腔，在迂徐轉折的長腔旋律中，卻能夠展現十足氣勢力度，二來更可聽出寓峭拔險峻的圓亮高腔，例如第二句句尾「軍防」、第三句「親傳官員」，形成明顯突然以立音拔起、又接續快速下滑的墜腔，高音極為高亢昂揚、低音極為沉著低迴，但在節節翻高的酣暢迭出帶有稜角頓挫，層層墜下的過程中也不是堅硬直撞，而是具有節奏起伏的勁頭，正如出身「榮春社」的戲曲研究者貫湧所描述：「非常險要之處把聲腔硬衝上去，從高聳處陡然下滑，形成一種『險中求美』的風格」，〔註 46〕這種「上抗下墜」需立基

〔註 43〕張肖傖：〈燕塵菊影錄〉，《菊部叢譚》（臺北：傳記文學出版社，1974 年），頁 143。

〔註 44〕陳志明編著：《陳德霖評傳》（北京：文津出版社，1998 年），頁 6。

〔註 45〕安志強：〈尚派唱腔的藝術特色〉，《尚小雲唱腔選集》，頁 3～4。

〔註 46〕貫湧於 1944 至 1949 年進入榮春社學習京劇旦角，日後轉向戲曲研究。https://www.youtube.com/watch?v=MjEcPCUNy1Q。《絕版賞析》。2019 年 4 月 14 日下載。

於音域寬廣、韻厚氣足的根柢，而這又跟後來同樣以嗓音高亮、唱工著稱的張君秋（1920～1997）唱法不同，張君秋將四大名旦多重特色熔於一爐，創造鑄新不落俗套，「學四大名旦之腔而不學四大名旦之味」，〔註 47〕由其最為著名的新戲《狀元媒》、《望江亭》、《西廂記》、《秦香蓮》等劇目便可聽出，在展現唱腔起伏極大之處，張派則是波瀾萬狀具有圓滑幅度的層層翻高，卻帶著些許婀娜且旋律變化愈加複雜，較少「頓挫分明」之味道。因此「喜演太后而非專演太后」〔註 48〕的尚小雲唱滿唱足、滿宮滿調，卻能舉重若輕，字正腔圓娓娓道來，毫無粗濁模糊之感，整體極為注重剛直激越氣勢，展現縱橫稗合剛勁之美，極為適合詮釋太后凝重威儀，造就日後演員演出統帥蕭太后多遵從尚派風格。

其三，唱片展現「專屬劇目」，由上表可見四大名旦除了新戲私房戲之外，更有自己的「專屬劇目」，最為明顯的例子便是傳統戲《賀后罵殿》，不僅是程硯秋第一齣走紅的唱工戲，而後成為程派專屬代表作，此戲描述宋皇帝趙匡胤死後其弟趙光義竟篡權奪位，賀后攜幼子上殿歷數直斥趙光義之過，根據專為程硯秋二旦之吳富琴說法：

> 王瑤卿先生根據程先生的嗓音條件，用以腔就字的新法制曲，這才出現風靡一時的程派新腔。……陳德霖老夫子唱《罵殿》是慢板到底，王瑤卿先生給程先生改了快三眼，一唱就紅了，因為是人沒有聽過的新腔兒。〔註 49〕

經過王瑤卿的指點教導，一方面順應程硯秋因倒倉而悶窄的嗓子條件，針對吃不成旦角戲飯的「詭音」（鬼音、腦後音）侷限，提煉「以腔就字」而非延續傳統「以字就腔」，「咬字上運用切音，嘴勁功夫極深。行腔時抑揚頓挫、輕重緩急，結合字的四聲就顯得更突出」；〔註 50〕另一方面，如前所提王瑤卿著重劇情戲理，為熨貼適合賀后夫亡子喪的悲憤情緒而當變則變、別創蹊徑，在原先【導板】、【回龍】之後以【慢板】到底，建議程硯秋改動只唱兩句平緩【慢板】「老王爺為江山足踢拳打，老王爺為山河奔走天涯」，從第三

〔註 47〕董維賢：《京劇流派》（北京：文化藝術出版社，1981 年），頁 156。

〔註 48〕https://www.youtube.com/watch?v=MjEcPCUNy1Q。《絕版賞析》。2019 年 4 月 14 日下載。

〔註 49〕吳富琴：〈風雨同舟日——憶硯秋同志〉，《程硯秋藝術評論集》（北京：中國戲劇出版社，1997 年），頁 323。

〔註 50〕鄭大同：〈學習程硯秋先生的創新精神〉，《程硯秋藝術評論集》，頁 61。

句改為「腔少字多」的【快三眼】，「冷戲新唱」突破老夫子陳德霖《罵殿》所奠定的演唱模式，今已成為程派旦角必學必唱的佳構。筆者根據《程硯秋老唱片全集》與《音配像》羅列《罵殿》唱片資料：

表 6-6：程硯秋《罵殿》四張唱片一覽表

唱　片	唱　詞
1923 百代唱片第一面	【二黃導板】有賀后在金殿一聲高罵， 【回龍】罵一聲無道君細聽根芽。
1923 百代唱片第二面	【快三眼】遭不幸老王爺晏了御駕，賊昏王篡了位謀亂邦家。 把一個皇太子逼死殿下，反道說為嫂我攔阻有差！ 賊好比王莽賊稱孤道寡，賊好比司馬師攪亂中華。 只罵得賊昏王裝聾作啞，只罵得賊昏王扭轉身軀、閉目合睛、羞羞慚慚、一語不發，只罵得賊昏王無言對答。 兩旁的文武臣珠淚如麻。搬一把金交椅娘且坐下， 你叔王不讓位我再去罵他。〔註 51〕
1928 勝利唱片	【慢板】老王爺為江山足踢拳打，老王爺為山河奔走天涯。 【快三眼】遭不幸老王爺晏了御駕，賊昏王篡了位謀亂邦家。 把一個皇太子逼死殿下，反道說為嫂我攔阻有差！ 賊好比王莽賊稱孤道寡，賊好比曹阿瞞一點不差， 賊好比秦趙高指鹿為馬，賊好比司馬師攪亂中華。 只罵得賊昏王裝聾作啞，只罵得賊昏王扭轉身軀、閉目合睛、羞羞慚慚、一語不發，只罵得賊昏王無言對答。 兩旁的文武臣珠淚如麻。搬一把金交椅娘且坐下， 你叔王不讓位我再去罵他。
1946 明場錄音	全劇

根據 1923 年的百代錄音，作為程硯秋演藝生涯第一批錄製的唱片資料，此時聲線細窄之中清峭挺拔、高亢之中剛韌有勁，「所謂『鋼半音』已經比較明顯，音色、潤腔也已顯露『程腔』端倪，但是主要還是保留了傳統青衣的特色——唱得『剛勁噴薄』，演唱調門高、聲音窄、收音硬」，〔註 52〕頗有老夫子陳德霖直腔直調飽含光澤之餘韻；到了 1928 年的勝利唱片，多出兩句「賊好比」較 1923 年完整，層層遞進一氣呵成，尤其「只罵得賊昏王扭轉身軀、

〔註 51〕「在申一月所演之戲，以《罵殿》、《紅柳村》兩句最受人歡迎。」燕子：〈程硯秋初次到申記〉，《申報》，1938 年 11 月 11 日第 13 版。

〔註 52〕柴俊為：〈程硯秋的老唱片〉，《京劇大師程硯秋老唱片全集》，頁 2。又如同劇評家指出的：「走偏鋒的險腔」，丁秉鐩：《菊壇舊聞錄》（北京：中國戲劇出版社，1995 年），頁 186。

閉目合睛、羞羞慚慚、一語不發」一句多達二十二字，閃轉騰挪準中見穩，頓挫之中淒楚激越、轉折之中深沈婉約，剛柔並濟風格初步形成；而根據 1946 年錄音的《罵殿》音配像，以「憤怒」立骨字字鏗鏘有力，則見以氣催聲、高低咸宜的功夫嗓，寓剛於柔、嗚咽婉轉臻於穩定成熟，正如程硯秋晚年〈談戲曲演唱〉所言：著重「五音（喉、牙、齒、舌、唇）、四呼（開、齊、撮、合）、氣口」鑽研鍛鍊之外，更需「進一步把詞句的意思、感情唱出來，是悲、歡、怒、恨都要表達給觀眾，還要讓他們感到美」。〔註 53〕

另一方面，可藉由昔日灌製唱片以資對照，時至今日傳統唱工戲如《六月雪》以程派著名，也就是說梅派已不唱《六月雪》，由沉鬱幽咽程腔作為代表。但從唱片資料可見梅蘭芳曾經四度灌製《六月雪》唱片：1924 年日本蓄音器公司唱片【反二黃】「沒來由遭刑憲受此大難」，1929 年大中華公司唱片【二黃慢板】「未開言不由奴淚如雨降」，1930 年勝利公司唱片【二黃散板】「忽聽得喚竇娥愁鎖眉上」，1934 年勝利公司唱片【反二黃】「沒來由遭刑憲受此大難」，該年【反二黃】與 1924 年唱詞略有不同。而程硯秋唱片則為 1929 年蓓開唱片【二黃慢板】「未開言思往事慢慢言講」，以及法場【反二黃慢板】「沒來由遭刑憲受此大難」至【散板】「一霎時狂風起烏雲遮滿」，均是劇中重要唱段，尤其【反二黃】最後一句「剎時間大炮響屍首不全」之全字愈顯悲音悠長，其餘二人荀慧生與尚小雲並未灌製《六月雪》。由今日「梅派《六月雪》消失」的結果反推，除了體現證明唱片的價值貢獻，藉由唱片傳播而能聆聽到梅派的唱法，一探梅蘭芳早期唱腔特色之外，回到當下歷史現場，灌製唱片的情形顯示了演員彼此競爭的過程，更可見一開始程硯秋即使常演此齣劇目，但尚未掌握《六月雪》的歸屬權，由灌製唱片的時間和次數而言，梅蘭芳灌製的時間早、且次數多，可知在此齣戲的態勢上仍是勢均力敵，而後程派才漸以此齣為代表作，作為其「專屬劇目」。同樣的情況也可見於《祭塔》多由張君秋「張派」（1920～1997）為重。

其四，灌製唱片的策略，四大名旦頻繁推出新戲且頗受歡迎的情況之下，「四大名旦以各家之總計言，第一當然推梅蘭芳，硯秋與慧生相伯仲，小

〔註 53〕該篇文章為程硯秋於 1957 年文化部召開的全國聲樂教學會議上之發言，初刊於《戲劇報》，1957 年第 6 期，詳見程硯秋：〈談戲曲演唱〉，程硯秋著、程永江編、鈕葆校勘：《程硯秋戲劇文集》（北京：華藝出版社，2009 年），頁 353。

雲殿軍。」〔註 54〕以梅蘭芳為例，將梅蘭芳新戲上演、灌製唱片、拍攝電影年代，製表如下：

表 6-7：梅蘭芳新戲與唱片電影一覽表

	新戲上演	灌製唱片	拍攝電影
1914	《孽海波瀾》		
1915	《宦海潮》 《鄧霞姑》 《嫦娥奔月》 《牢獄鴛鴦》		
1916	《黛玉葬花》 《一縷麻》 《千金一笑》		
1917	《木蘭從軍》 《天女散花》		
1918	《童女斬蛇》 《麻姑獻壽》 《紅線盜盒》		
1920	《上元夫人》	《汾河灣》《虹霓關》 《嫦娥奔月》《黛玉葬花》 《天女散花》《木蘭從軍》	《天女散花》：眾香國、雲路、散花 《春香鬧學》崑曲
1921			
1922	《霸王別姬》		
1923	《西施》 《洛神》 《廉錦楓》	《春秋配》《女起解》 《梅龍鎮》《西施》 《洛神》《霸王別姬》	《上元夫人》拂塵舞（此影片未公開）
1924		《六月雪》《武昭關》 《御碑亭》《寶蓮燈》 《玉堂春》《醉酒》 《廉錦楓》《天女散花》 《紅線盜盒》《西施》 《洛神》	《廉錦楓》：刺蚌 《西施》羽舞 《霸王別姬》劍舞 《木蘭從軍》走邊 《上元夫人》拂塵舞 《黛玉葬花》片段 （此片段未公開）
1925	《太真外傳》頭本與二本	《祭塔》《廉錦楓》 《牢獄鴛鴦》	

〔註 54〕羽公：〈名伶唱片之銷數〉，《正報（1939）》，1939 年 5 月 24 日第 5 版。

1926	《太真外傳》三本	《御碑亭》《嫦娥奔月》 《天女散花》《西施》 《太真外傳》《轅門射戟》	
1927	《太真外傳》四本 《俊襲人》		
1928	《鳳還巢》 《春燈謎》 《宇宙鋒》	《宇宙鋒》《春秋配》 《玉堂春》《麻姑獻壽》 《西施》	
1929		《祭江》《六月雪》 《武昭關》《刺湯》 《宇宙鋒》《四郎探母》 《女起解》《醉酒》 《廉錦楓》《紅線盜盒》 《俊襲人》《春燈謎》 《霸王別姬》《楊貴妃》 《太真外傳》《鳳還巢》	
1930		《六月雪》《三娘教子》 《蘇三起解》《霸王別姬》 《楊貴妃》《刺虎》 《販馬記》	《刺虎》
1931		《丁山打雁》《寶蓮燈》 《四郎探母》《打漁殺家》 《西施》《春燈謎》 《霸王別姬》《太真外傳》 《鳳還巢》	
1932		《彩樓配》《戰蒲關》 《女起解》《槍挑穆天王》 《四五花洞》《廉錦楓》 《紅線盜盒》《俊襲人》 《春燈謎》	
1933	《抗金兵》		
1934	《生死恨》	《六月雪》《三娘教子》 《審頭刺湯》《金殿裝瘋》 《探母回令》《牢獄鴛鴦》 《抗金兵》《生死恨》	《虹霓關》對槍
1935		《四郎探母》《玉堂春》 《遊龍戲鳳》《生死恨》	
1936		《四郎探母》《打漁殺家》 《遊龍戲鳳》《生死恨》	
1948			《生死恨》
1959	《穆桂英掛帥》		

由上表可清楚看出：1920 年梅蘭芳首次錄製唱片，即包含四齣新戲《嫦娥奔月》、《黛玉葬花》、《天女散花》、《木蘭從軍》，而 1923 年甫推出《西施》《洛神》，同年隨即錄製唱片，在新戲創作的同時、唱片亦即時發行，將這些新戲新腔錄製唱片問世宣傳。而另一明顯的例子則屬程硯秋《鎖麟囊》，甫自 1940 年搬演後，佳評如潮上座特盛，於隔年立刻錄製唱片六面、由百代公司發行，而必須說明的是，當時大環境為第二次世界大戰與日軍侵華，唱片產業頗受影響，在這樣的背景中，程硯秋是四大名旦中唯一錄製唱片者，足見程硯秋《鎖麟囊》的轟動。觀其唱片並非全劇錄音，而是挑選了以下五個片段：「春秋亭外風雨暴」西皮二六轉流水、「耳聽得悲聲慘心中如擣」流水、「新婚後不覺得光陰似箭」原板、「阿老娘親」哭頭、「一霎時把七情俱以味盡」二黃轉快三眼，一方面礙於唱片技術已灌錄了六面之多，另一方面則是演員「既要吊胃口、又得留一手」的雙重考慮，以及刻意保護自我藝術，預防其他演員學習的防衛之心，畢竟程硯秋以善造新腔名於時，極盡創造新腔之能事，如西皮原板加用垛板、二六中加哭頭等，皆屬前人所未有者，「學程者普遍的染上了從『有腔皆程』而至『有程腔皆從鎖麟囊』」，學程者無不將此齣奉為圭臬。

上述演員藉由唱片傳播唱腔形成影響力，但反過來說唱片行也需拉攏名伶。本論文前所提及的長城唱片費盡心思，力邀四大名旦合作錄製《四五花洞》唱片，從唱詞孰先誰後之順序、唱片片心等距公平之安置，此張唱片為長城公司帶來不少獲利。另一方面唱片的宣傳效果，例如高亭唱片以購買唱片贈送戲考的方式：「大批高亭鑽石針及鋼針唱片到津，購片一打奉送戲考一本」，〔註 55〕形成特殊的銷售模式。

第二節　電影對旦行崛起至鼎盛所起的關鍵作用

承接唱片論述之脈絡，同為新興媒體之電影一路與傳統戲曲共存共榮，歷史上第一部電影於 1895 年開篇問世，並於隔年輸入中國，十年之後 1905 年北京豐泰照相館老闆任慶泰（字景豐，1850～1932）出資拍攝，以法國製造的手搖攝影機，嘗試拍攝中國第一部電影、亦是第一部戲曲電影〔註 56〕：由

〔註 55〕劉真、張業才、文震齋編：《余叔岩與余派藝術》（北京：學苑出版社，2011 年），頁 166。

〔註 56〕程季華、李少白、邢祖文編著，《中國電影發展史》（北京：中國電影出版社，1963 年），第一卷，頁 14～15。王怡琳：〈《定軍山》及任景豐的「活動照相」

「伶界大王」譚鑫培擔綱演出京劇《定軍山》，包含「請戰、舞刀、開打」等片段，以蒼顏白髯老將黃忠轅門討令、請纓出師未果，當眾舞刀彎弓以顯老當益壯，這齣戲本就是譚鑫培的拿手絕活，成為譚派經典名劇，既得把子熟練、身段穩健方顯乾淨俐落，更要丹田充足、氣口順暢力求不同凡響，此部黑白無聲默片雖已無檔案可觀，留存至今的僅存譚鑫培腳踩厚底、背後紮靠、手握大刀的戲裝照，儘管 1905 年當時電影拍攝技術手法未臻純熟，甚至出現「畫面上就只剩半個身子或半張臉」的情況，因此有「活動照相」之說法，〔註 57〕被視為中國電影萌芽時期的試驗，尚不足以與真正的「電影」劃上等號相提並論，但不啻標誌著京劇流行普及、老生譚鑫培的首屈一指，能夠吸引觀眾觀賞電影，傳統戲曲亦藉由電影更進一步傳播。而當時的梅蘭芳還只是初出茅廬的旦角演員，為譚鑫培配戲，此處必須提及旦行從走紅至成熟發展，1949 年之前四大名旦中唯有梅蘭芳涉足影壇、跨界劇種，具有拍攝電影的經驗，而 1949 年之後程硯秋與尚小雲亦拍攝了彩色舞臺藝術片，唯有荀慧生本人影片付之闕如，並未留下任何公開影像媒介，根據王安祈〈藝術・商業・政治・紀錄——論「戲曲電影」及其對黃梅調電影的影響〉一文，上海徐園主人——徐凌雲（1886～1966），個人曾以 16 釐米的無聲電影膠捲拍攝包含梅蘭芳與金少山、荀慧生等人的片段影像，依序為：荀慧生《釵頭鳳》、荀慧生與徐和才《埋香幻》、《打登州》、梅蘭芳與金少山《霸王別姬》、《兩將軍》、楊小樓《駱馬湖》，礙於畫質不佳過於模糊而不易判讀，一般研究者也無緣目睹。而誠如王安祈所指出：「1949 年以前京劇電影純粹是新奇的民間休閒娛樂，拍攝目的指向商業市場」，〔註 58〕以及施旭升所言：「早期的戲曲電影非常重視演員的選用，幾乎所有的名伶都被聘請拍過戲曲電影。」〔註 59〕相較於譚鑫培或其他名伶所拍攝的電影，旦行之中梅蘭芳顯得較為積極且確立，因此本節以梅蘭芳與電影媒介為論述焦點。

觀〉，《電影文學》，2013 年第 9 期，頁 22～24。

〔註 57〕王越，〈中國電影的搖籃——北京豐泰照相館拍攝電影訪問追記〉，《影視文化》第 1 期，頁 298。

〔註 58〕王安祈：〈戲曲電影〉，《錄影留聲　名伶爭鋒——戲曲物質載體研究》，頁 60。另參考高小健：《中國戲曲電影史》（北京：文化藝術出版社，2005 年）、梅莉編著：《中國戲曲電影史話》（武漢：湖北人民出版社，2000 年）。

〔註 59〕施旭升：《戲曲文化學》（臺北：秀威資訊科技股份有限公司，2015 年），頁 327。

一、梅蘭芳面對電影的態度

筆者根據梅蘭芳《我的電影生活》以及傳記資料，將其所拍攝電影列表如下：

表 6-8：梅蘭芳拍攝電影一覽表

年代	影片名稱	主　演	製　作	影片類型
1920	《天女散花》：眾香國、雲路、散花	梅蘭芳、姚玉芙、李壽山	上海商務印書館活動影戲部	黑白無聲
	《春香鬧學》崑曲	梅蘭芳、姚玉芙、李壽山	上海商務印書館活動影戲部	黑白無聲
1923	《上元夫人》拂塵舞（此影片未公開）	梅蘭芳	美國電影公司	黑白無聲
1924	《廉錦楓》：刺蚌	梅蘭芳	日本寶塚電影公司	黑白無聲
	《西施》羽舞 《霸王別姬》劍舞 《木蘭從軍》走邊 《上元夫人》拂塵舞 《黛玉葬花》片段 （此片段未公開）	梅蘭芳	上海民新影片公司	黑白無聲
1930	《刺虎》	梅蘭芳	美國派拉蒙影片公司	黑白有聲
1934	《虹霓關》對槍	梅蘭芳	蘇聯攝製	黑白有聲
1948	《生死恨》	梅蘭芳、姜妙香	上海華藝影片公司出品、中國科學工藝公司代攝	彩色
1955	《梅蘭芳的舞臺藝術》上：〈斷橋〉、〈修本〉、〈金殿〉	梅蘭芳、劉連榮、姜妙香、俞振飛	北京電影製片廠	彩色
1955	《梅蘭芳的舞臺藝術》下：〈貴妃醉酒〉、〈霸王別姬〉	梅蘭芳、劉連榮、蕭長華、姜妙香	北京電影製片廠	彩色
1956	《洛神》	梅蘭芳	北京電影製片廠	彩色

由上表可見梅蘭芳從舞臺至銀幕的電影拍攝大致可劃分為四個階段，第一是 1920 年代「黑白無聲」影片，在 1920 年經由商務印書館成立的活動影戲部，即拍攝了《春香鬧學》崑曲與《天女散花》京劇片段，在中國電影技術起步萌芽期，便已陸續進行拍片嘗試，足見梅蘭芳是自覺自主的投入電影領

域；第二是 1930 年代拍攝有聲電影之際，正值梅蘭芳藝術顛峰時期；第三是 1948 年由費穆擔任導演之職，拍攝中國首部彩色戲曲片，同時也是首部彩色京劇電影《生死恨》；第四則是 1950 年代拍攝的舞臺藝術片。整體來說，梅蘭芳不僅只於國內，遠赴國外訪問交流演出時，例如赴日本演出接受寶塚電影公司拍攝《廉錦楓》刺蚌，至蘇聯訪問演出，受愛森斯坦指導拍攝影片角度，選定《虹霓關》東方氏與王伯黨對槍舞蹈動作，在連續五個多小時的拍攝過程中，呈現十幾分鐘的精華，完成愛森斯坦所預期的「一個完整的藝術作品」〔註 60〕拍攝意圖，除了確立梅蘭芳國內叫座力與國際知名度之外，更是藉由這些機會，能逐步熟悉電影藝術的特點，並摸索如何運用電影的特點以記錄與表現戲曲藝術。

其中最值得注意的是，不同於譚鑫培之「活動照相」、亦有別於荀慧生之錄影，梅蘭芳乃是真正進入攝影棚內拍攝，正式與「電影導演」費穆（1906～1951）合作完成「彩色舞臺藝術片」《生死恨》，即使拍攝完成後批評了彩色與技術方面的缺失，並不大滿意這部影片發行，但最重要的是，在拍攝過程中深刻體會舞臺和電影媒介的不同，更能接受採納費穆所建議與刪改的劇本。作為彩色電影片的《生死恨》，是根據在 1934 年所推出《生死恨》加以改編，以北宋末年金兵入侵為背景，同被金兵俘虜之韓玉娘力勸丈夫程鵬舉投軍抗敵，程鵬舉以自繪地圖投奔抗金元帥，一舉擊潰金兵，後與韓玉娘相遇重圓，但玉娘卻已臥病最終夫妻永訣，此齣為九一八事變後於上海首演，緣於「積極醞釀編演一臺鼓舞國民同仇敵慨」，具有時空背景的特殊意義，更可見梅蘭芳對於時事環境的參與回饋。首先提一下此部電影籌措之過程，此部電影由吳性栽投資的華藝公司出資拍攝，筆者翻閱當時流行的電影刊物《電影週報》登載〈第一部國產五彩鉅片：費穆梅蘭芳合作「生死恨」〉文章，著名電影技術專家顏鶴鳴擔任攝製人，指出「編導演非借重費梅兩氏不可」，〔註 61〕最初在顏鶴鳴寓所試拍，後又在攝影廠做第一次之「現廠試拍」，〔註 62〕兩次籌備試拍足見準備過程之嚴謹，梅蘭芳在其《我的電影生活》亦如此描述：「參加攝製《生死恨》彩色影片的全體創作和工作人員，他們所付出的勞動是有價

〔註 60〕梅蘭芳：《我的電影生活》，《梅蘭芳全集》第四卷，頁 128。

〔註 61〕楚客：〈第一部國產五彩鉅片：費穆梅蘭芳合作「生死恨」〉，《電影週報》，1948 年第 1 期。

〔註 62〕史：〈中國第一部彩色片將在浴盆中出世：生死恨與到難題，第一次開拍後已閱三週，尚未續攝〉，《世界電影》，1948 年第 1 期。

值的，因為對舞臺藝術進入彩色電影方面的工作，他們是打了先鋒，做了大膽的、帶有冒險性的嘗試。」〔註 63〕正如梅蘭芳所言「大膽帶有冒險性的嘗試」，整體劇本因應電影拍攝而變動多處情節，其《我的電影生活》針對十九場次皆有詳細記錄，本論文擬舉出幾處進一步加以說明，例如導演費穆刪去名丑蕭長華飾演的胡公子表演數板與獨白，這段舞臺版本效果極佳常獲滿堂彩，但戲曲的自報家門與電影的敘事規律相互衝突，導演刪修以求發揮電影的敘事特長，〔註 64〕正如學者鄭培凱〈戲曲與電影的糾葛—梅蘭芳與費穆的《生死恨》〉一文，點出戲曲與電影媒介的不同：「表面理由似乎是影片著眼在客觀寫實呈現，與腳色跳出來自報家門，扞格不合。然而，深一層涉及的戲曲與電影的表演性質的糾葛，顯然並不如此簡單。」〔註 65〕更為明顯的例子為〈夜訴〉一場，除了運用鏡頭處理導板，正因為纏綿淒涼【二黃導板】「耳邊廂又聽得初更鼓響」，演員向來待等琴弦一響、調勻氣息在幕後唱畢才出臺，此時間劇場舞臺呈現必是空臺，但幕後唱與表演空臺在電影中易流於沈悶而多不被接受，牽涉到的不僅包含劇場舞臺立體性與電影表演平面性根本的差異，亦牽涉到舞臺演出與電影放映的觀眾反映與預期不同，看電影有別於劇場內觀戲，觀眾則是被動的接受，銀幕上所呈現的表演不會因為觀眾情緒的投入，而產生任何變化和回應，因此導演的處理是安排讓梅蘭芳邊唱邊走，影子露在背後窗邊牆上，畫面還帶到了夜深人靜中雅致窗外皎潔的月色；除此之外，布景道具捨舞臺慣用手搖小紡車、改採用大臺織布木機，以導演費穆的角度解釋：「戲劇在舞台上表演是立體的，而電影是平面的，如果不能適應電影的要求，就顯得呆板滯緩了。」〔註 66〕梅蘭芳當然知曉若是按照向來坐在椅子上邊唱邊紡慣例，偌大實物道具不僅容易擋住面部表情、更妨礙身段表演，但終究是同意、甚是欣然接受：「這架龐大的織布機，給了我發揮傳統藝術的機會。」〔註 67〕最主要的是梅蘭芳瞭解電影拍攝手法，攝影機亦步亦趨緊跟著演員，「有些姿勢必須和真的紡織手勢結合，使觀眾既有真

〔註 63〕梅蘭芳：《我的電影生活》，《梅蘭芳全集》第四卷，頁 153～154。
〔註 64〕陳墨：《流鶯春夢：費穆電影論稿》（北京：中國電影出版社，2000 年），頁 273。
〔註 65〕鄭培凱：〈戲曲與電影的糾葛——梅蘭芳與費穆的《生死恨》〉，收入於彭小妍編：《文藝理論與通俗文化》（臺北：中央研究院中國文哲研究所籌備處，1999 年），頁 560。
〔註 66〕梅蘭芳：《我的電影生活》，《梅蘭芳全集》第四卷，頁 143。
〔註 67〕梅蘭芳：《我的電影生活》，《梅蘭芳全集》第四卷，頁 150。

實的感覺，而又是從生活中提煉出來的舞蹈化動作」，〔註68〕於是大段唱工琢磨表演，採圍繞織布機做身段以凸顯手眼身法步，機上的梭子亦成為舞蹈工具，足見梅蘭芳對於戲曲與電影不同藝術形式挑戰的因應之道。

由上述1948年梅蘭芳如此完整接受電影導演費穆的建議拍片，由此更可回推1920年代拍攝多部黑白無聲電影片階段，特意選定「身段表情較多」的《天女散花》、崑曲《春香鬧學》、《上元夫人》拂塵舞、《廉錦楓》刺蚌片段、《西施》羽舞、《霸王別姬》劍舞、《木蘭從軍》走邊、《黛玉葬花》片段，而且在電影默片前提之下，當時攝影機固定在一處，純粹以照相式的紀錄舞臺演出實況，鏡頭沒有任何變化，自然也無運用任何電影藝術技巧，〔註69〕但既然沒有聲音、即轉換重點於眉宇之間的情態神韻、古裝服飾扮相的打造，凸顯強調視覺美感，如梅蘭芳指出在《黛玉葬花》片段：「特別注意到面部表情，在眉宇之間，用了一個『顰』字，以此來表達林黛玉的淒涼身世和詩人感情。」〔註70〕回憶錄更進一步陳述舞臺表演、拍攝黑白無聲片、彩色有聲片三者的差異性，指出：「《葬花》裡那些含蓄的面部表情和動作，就需要演員自己想辦法調整節奏，加強內心表演深度，才能鮮明清楚地使觀眾得到藝術上的享受」，這也是「迫使演員深入腳色、提煉表演技術的一個實踐機會」，〔註71〕除此之外，梅蘭芳更說自己受到電影表演藝術頗多影響，進一步豐富了舞臺表演藝術，「在早期，我就覺得電影演員的面部表情對我有啟發，想到戲曲演員在舞臺上演出，永遠看不見自己的戲，這是一件憾事。只有從銀幕上才能看到自己的表演，而且可以看出自己的優點和缺點來進行自我批評和藝術上的自我欣賞。電影就好像一面特殊的鏡子，能夠照見自己的活動的全貌。」〔註72〕更可見梅蘭芳早於1920年即能積極把握契機，精準掌握電影傳播永恆力量，瞭解電影媒介傳遞的特性，以1924年拍攝的《木蘭從軍》「走邊」、1934年《虹霓關》「槍架子」來說，時至今日介紹梅蘭芳相關紀錄均採

〔註68〕梅蘭芳：《我的電影生活》，《梅蘭芳全集》第四卷，頁149。另外，1940年由言慧珠、言菊朋、言少朋主演的京劇電影《三娘教子》，電影中已採用大型織布機道具。不過此部電影未能廣為流傳，目前僅能看到部分片段，故先不予細論。

〔註69〕王永宏：《戲曲藝術片的理論與實踐》（北京：中國電影出版社，1991年），頁2。

〔註70〕梅蘭芳：《我的電影生活》，《梅蘭芳全集》第四卷，頁97。

〔註71〕梅蘭芳：《我的電影生活》，《梅蘭芳全集》第四卷，頁100。

〔註72〕梅蘭芳：《我的電影生活》，《梅蘭芳全集》第四卷，頁82。

用這些片段，而筆者 2016 年親赴北京梅蘭芳紀念館時，館內電視循環往復播出著 1930 年《刺虎》以及 1934 年《虹霓關》對槍片段。也正是基於對於電影的正面觀念想法，才催生 1948 年的《生死恨》，以及蔚為經典 1955 年彩色戲曲電影片「梅蘭芳的舞臺藝術」。

二、梅蘭芳「舞臺藝術片」的突破

梅蘭芳在經歷電影無聲到有聲、黑白至彩色視覺技術的改進，藝術觀念的提升，從舞臺記錄片到正式與電影導演合作後，1955 年的「梅蘭芳的舞臺藝術」則由吳祖光擔任導演，分為上下集，上集包含〈斷橋〉：梅蘭芳（白娘子）、梅葆玖（青兒）、俞振飛（許仙），《宇宙鋒》（片中特地註明：這裡拍攝的是舞台上最流行的「修本」和「金殿」兩場）：梅蘭芳（趙豔容）、劉連榮（趙高）、張蝶芬（啞奴）、姜妙香（秦二世）；下集包含《霸王別姬》：梅蘭芳（虞姬）、劉連榮（霸王），《貴妃醉酒》：梅蘭芳（楊貴妃）、蕭長華（高力士）、姜妙香（裴力士），選擇錄製這四齣片段，可見其對於傳統戲終其一生精雕細琢、去冗存菁，即使與真正電影不同，乃訂定名稱為「舞臺藝術片」，筆者欲針對《霸王別姬》「舞劍」的呈現加以說明，圖 6-1 為筆者翻閱期刊（《戲世界》1935 年 8 月 3 日）、圖 6-2 為擷取電影畫面：

圖 6-1：
梅蘭芳與劉連榮合演之劇照

圖 6-2：彩色戲曲電影片
「梅蘭芳的舞臺藝術」畫面

傳統舞臺上的表演（圖 6-1），虞姬歌舞一回以解君愁是位於霸王酒桌之前，但藉由上面兩張舞劍圖片以資對照，彩色戲曲電影片「梅蘭芳的舞臺藝術」（圖 6-2）將虞姬舞婆娑挪於帳外，還可見其身後層巒疊嶂立有帳篷的背景，「雖然是接近寫實的立體形式，但色彩畫法仍帶有舞臺上布景的風格」，〔註73〕這樣的拍攝手法應是出自於導演吳祖光的思考，而梅蘭芳接受了，但這個接受可謂是難能可貴，正因為《霸王別姬》堪稱梅派經典中之經典，自 1922 年與頭牌武生楊小樓舞臺演出以來不斷精益求精，1924 年亦拍攝了黑白無聲電影「劍舞」片段，當時候梅蘭芳對攝影師言道：「必須拍得似斷還連，好像一塊七巧板，拆散後拼得攏，使人沒有支離割裂的感覺」，〔註74〕以七巧板作為比喻，講求整體合理連結，便已具有思考電影如何呈現戲曲視覺畫面的觀念，1955 年拍攝當下除了出自三十幾年演出的心得體會，將唱詞「富貴窮通一剎那」修改為「成敗興亡一剎那」，更顯霸王項羽不凡氣度之外，向來虞姬舞劍霸王飲酒皆在室內空間，從觀眾觀戲感受角度而言即是在帳篷之中，而電影拍攝「當筵舞劍」的鏡頭改成由帳內的霸王項羽往外看，虞姬在空闊的帳外舞劍，接受這樣的改變調整，足見梅蘭芳在戲曲寫意與電影寫實之間、傳統虛擬畫面與當代視覺影像之中的敏銳掌握力。至於四大名旦之程硯秋、荀慧生與尚小雲三人，並不如梅蘭芳有這樣的機緣屢次拍攝電影，且多次是在國外訪問演出時拍攝而成的，以程硯秋來說，反覆申請拍攝其經典代表作《鎖麟囊》未果，成為終生最大遺憾。

另一方面，本節開頭處提及老生譚鑫培開啟京劇與電影的萌芽階段，至梅蘭芳積極參與電影拍攝與製作，這中間必須談及 1937 年老生周信芳（麒麟童）與袁美雲（1918～1999）主演的「麒麟樂府」第一部〔註75〕——《斬經堂》（又名《吳漢殺妻》），描述西漢末年潼關守將吳漢娶王莽之女為妻，待反莽勢力日興，母親告知王莽殺父之仇，吳漢乃持劍進入經堂、欲手刃愛妻，而吳妻篤信佛法為家人祝禱，吳漢家國兩難躊躇之際，賢婦吳妻奪劍自刎。此齣同樣由費穆擔任電影導演之職，領銜主角周信芳為當紅老生，更值得注目的是飾演吳妻的女主角袁美雲，原為京劇旦角演員，師從李琴仙與余蓮仙，昔日曾與周信芳、陳鶴峰同班在天蟾舞臺演出連臺本戲《滿清三百年》時，被天一公司老闆邵醉翁（1896～1979）看中，安排在電影《遊藝大會》演唱一段京劇《遊龍戲鳳》，十五歲即擔任電影《小女伶》（1932 年）主角，〔註76〕正式躍身電影演員；而後 1937 年被導演費穆特地邀請拍攝京劇

〔註73〕梅蘭芳：《我的電影生活》，《梅蘭芳全集》第四卷，頁 187。
〔註74〕梅蘭芳：《我的電影生活》，《梅蘭芳全集》第四卷，頁 95。
〔註75〕陳墨：《流鶯春夢：費穆電影論稿》，頁 221。
〔註76〕林屋山人：〈名坤伶袁漢雲袁美雲之汾河灣〉，《上海畫報》，1928 年第 318 期。

《斬經堂》電影，翻閱報刊是這樣描述袁美雲的：「在《斬經堂》裡曾測驗出她的真實本領，因為別人串演，都是片段的，她獨能自始至終來一個整齣，實在不容易。」〔註 77〕正因為有著京劇出身的背景，自然演來熟能生巧。由袁美雲從京劇到電影、再從電影回京劇的跨界例子，又例如曾拜師穆鐵芬與章遏雲的李麗華（1924～2017），十六歲進入上海藝華影片公司嶄露頭角；著名歌星周璇（1920～1957）主演明星影片公司《馬路天使》（1937 年上映，與《斬經堂》同年）頗受好評，成為家喻戶曉的演歌雙棲明星，不僅是王安祈所指出：「京劇本身已經是通俗文娛，而西方傳來的電影更是大眾追求的時尚消遣，京劇電影反映的現象，一來是京劇本身足夠有市場能力，而京劇拍成電影，更反過來強化了自身的時尚性格。」〔註 78〕更足見電影不只是京劇表演的傳播媒介，與當時流行的唱片界是同步共榮發展，本身已逐步成熟成為獨立的藝術類型，同時電影趨勢又與京劇產生連結，「由默片而有聲，由有聲而偏重歌舞，由偏重歌舞而趨向古裝，由趨向古裝而又電影戲化——甚至把整個的京劇搬上了銀幕」，〔註 79〕尤以坤旦的美貌十分貼切符合電影拍攝，加上從小紮根的唱唸做打訓練，因此如袁美雲京劇演員後來轉演電影後，再回過頭來與京劇名伶合演，影視紅星粉墨登場，「電影紅星」與「京劇名伶」雙重身份更替麒麟童周信芳的電影大大加分。由《斬經堂》電影一方面可見京劇老生周信芳身為麒派表演藝術創始者，大量編演新戲的同時，卻已具有明顯拍攝電影概念，與京劇正統譚鑫培、余叔岩、楊寶森不同，因此周信芳也演話劇，嘗試不一樣的藝術類型，再回過頭來看梅蘭芳，跟周信芳同樣視電影為新興宣傳媒體之外，面對的更是另外一種有別於京劇的藝術類型。

第三節　報刊對旦行崛起至鼎盛所起的關鍵作用

本章前兩節以唱片與電影有聲影像為主軸，本節則回歸平面報刊媒體綜

佚名：〈袁美雲從京劇到電影〉，《影劇》，1943 年第 10 期。〈訪問袁美雲〉，《中國影訊》第 2 卷第 21 期（1941 年 8 月 15 日）。

〔註 77〕佚名：〈粉墨登場．電影明星表演京劇〉，《影劇》，1943 年第 10 期。

〔註 78〕王安祈：〈戲曲電影〉，《錄影留聲　名伶爭鋒——戲曲物質載體研究》，頁 72～73。

〔註 79〕佚名：〈粉墨登場．電影明星表演京劇〉，《影劇》，1943 年第 10 期。

合論述。本論文運用了晚清以至民國年間大量報紙期刊，除了審閱資料構築旦行發展的線性歷史之外，報刊所登載的戲單廣告、專欄劇評、照片圖像，特意發行一系列以當紅名伶為刊物主角之「專號特刊」，以及以報刊為名大張旗鼓所舉辦的「票選徵文」等，這些資料不只是再現劇場表演藝術的重要風景，更是京劇旦行流派的崛起並定型的第一手材料。因此本節選取四大名旦代表性的報刊例證，來說明其旦行流派獨尊劇壇的過程。

一、四大名旦「明星化」

（一）戲單廣告見證四大名旦的崛起

報刊所登載的廣告和戲單可被稱為「梨園的活頁歷史」，〔註 80〕「清末各戲園所備戲單，均用窄小紅紙，只橫列劇目而已，民初始書伶名，紙張亦擴大，且係排印矣。上海戲單，用紙更巨，伶名大書特書，且多加以頭銜，花樣百出。」〔註 81〕從手抄至印刷，窄小紅紙至偌大版面，花招百出的廣告戲單不只作為廣而告知的媒介，提供觀眾顧曲者看戲依憑，說明日戲與夜戲搬演的戲碼劇目、座位票價、演出時間，更見演員排名與宣傳用詞，從譚鑫培封號開始。

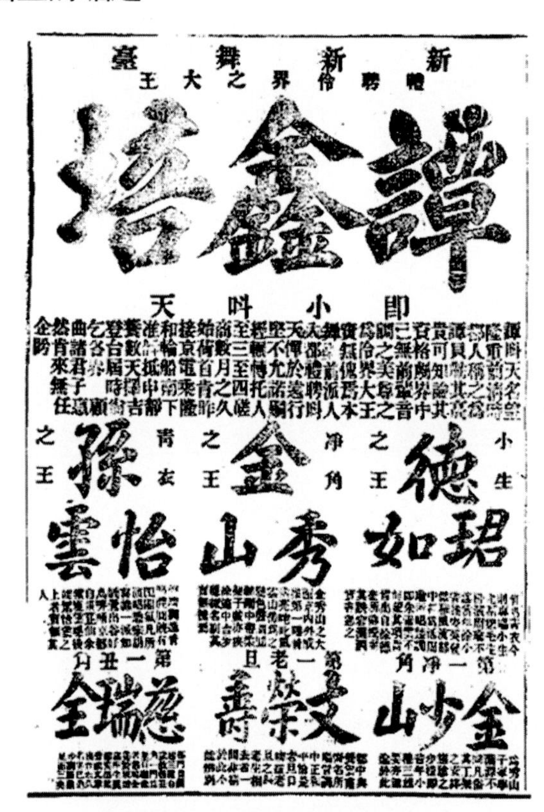

圖 6-3：譚鑫培《申報》廣告

首先是演員與新媒體的互動因應，源於老生、盛於旦行，檢索報刊資料，如圖 6-3《申報》1912 年 11 月 7 日第五版譚鑫培在上海新新舞臺演出，報刊廣告給予譚鑫培「伶界之大王」封號：「譚叫天名望隆重，前清時都人稱之為譚貝勒，其高貴

〔註 80〕摩：〈戲單：梨園的活頁歷史〉，《三六九畫報》，1941 年第 9 卷第 15 期。
〔註 81〕聊：〈戲劇論壇：戲單雜記〉，《遊藝畫刊》，1942 年第 4 卷第 6 期。

可知。論其資格劇界中已無前輩，音調之美尊之為伶界大王實無愧焉」。而票友薛觀瀾回憶初登場的梅蘭芳，「粉紅色的小戲單上竟沒有梅蘭芳的名字」，〔註 82〕雖然戲單上未見其名、但卻已揮灑裕如；《立言畫刊》登載〈梅蘭芳在文明園演倒第五舊戲單〉，〔註 83〕而後梅蘭芳走紅日日唱大軸，前後對比便可清楚看見劇壇頭牌變遷、梨園趨勢轉移，證明旦行時代來臨，亦可見坤角與乾旦爭鋒，女伶銳不可擋。〔註 84〕又如梅蘭芳首次遠赴上海，乃是搭「著名汪派鬚生」王鳳卿，但在戲單上的排列已跟前輩平起平坐，圖 6-4（《申報》1913 年 11 月 16 日頭版廣告）；尚小雲與荀慧生白牡丹（其時荀慧生尚未改名）搭名伶楊小樓班社同赴天蟾舞臺，當時戲單上與譚小培同屬一排，圖 6-5（《申報》1919 年 9 月 9 日廣告），但日後譚小培長期為尚小雲擔任配角演出：

圖 6-4：
梅蘭芳與王鳳卿廣告並列

圖 6-5：
尚小雲、白牡丹與譚小培廣告並列

〔註 82〕薛觀瀾原著、蔡登山主編：《我親見的梅蘭芳》（臺北：秀威資訊科技股份有限公司，2015 年），頁 80。

〔註 83〕步堂：〈珍藏戲單：初挑大樑之梅蘭芳〉，《立言畫刊》，1939 年第 35 期。俠公談劇：〈梅蘭芳在文明園演倒第五舊戲單〉，《立言畫刊》，1940 年第 79 期。

〔註 84〕遯之：〈戲單〉，《半月劇刊》，1936 年第 1 卷第 1 期。

而程硯秋的崛起更為快速，首次離開北京到上海演出的戲單，《申報》1922 年 11 月 14 日所刊登臨別紀念的廣告，圖 6-6 已見其獨立成班的氣勢。

圖 6-6：程硯秋演出廣告

（二）專號特刊、票選徵文底定四大名旦

報刊衍生而來的觀戲評論與專欄專號，例如《申報》出現的「梅訊」專欄，《戲劇月刊》一系列以當紅名伶為刊物主角之「特刊專號」，例如：1928 年出版「梅蘭芳號」（第 1 卷第 6 期）、1929 年「尚小雲號」（第 1 卷第 8 期），1931 年出版「程豔秋王少樓合號」（第 3 卷第 2 期）、「荀慧生言菊朋合號」（第 3 卷第 8 期），1932 年出版「譚鑫培號」（第 3 卷第 12 期）等演員專號相繼而出。頭牌梅蘭芳自然是報刊寵兒，因此可見最早發行專號，「譚鑫培號」晚至 1932 年才發行，其時譚鑫培已逝世 15 年之久，亦可見老生旦行的頭牌地位轉移，而且根據谷曙光〈民國時期梅蘭芳特刊專集敘論〉〔註 85〕文章耙梳整理梅蘭

圖 6-7：梅蘭芳專號

〔註 85〕谷曙光：〈民國時期梅蘭芳特刊專集敘論〉，《新文學史料》，2015 年第 2 期，頁 112～126。

芳的「特刊專號」:《梅陸集》(1914)《梅蘭芳黛玉葬花曲本》(1916)《梅蘭芳》(1918)《支那劇與梅蘭芳》(1919)《梅郎集》(1920)《梅歐閣詩錄》(1920)藍皮本《梅蘭芳專集》(1926)、紅皮本(1927)、棕皮本(1930)英文版 MEI LAN-FANG(1929)《文學週報》之《梅蘭芳專號》(1929)《梅蘭芳歌曲譜》(1930)《梅蘭芳專集》(1930)《梅蘭芳遊美記》(1933)《梅蘭芳藝術之一斑》(1935)《梅劇團出演特刊》(1946),多達十六種刊物之多,筆者補充:《北洋畫報》1927 年第 81 期,如圖 6-7。

從梅蘭芳崛起發跡到當紅遊美等歷程,均有特刊專號一一介紹,可說是不僅只為旦行中最受歡迎的演員,更是京劇演員最受歡迎影響力也最大的明星。而在這特刊專號發行之間,報刊進一步推波助瀾舉辦投票評選、徵文活動,北京《順天時報》舉辦「五大名伶新劇」票選,以及上海《戲劇月刊》「四大名旦之比較」活動便直接帶動產生「四大名旦」造星議題,前後兩者之間,憑藉不同的平面媒體,前者辻聽花以一人之力藉《順天時報》舉行,五位名伶皆有千餘張以上的支持票數;後者以《戲劇月刊》主編與編輯群通力合辦,最終收到七十餘篇的稿件。但無疑的:其一、報紙與期刊的廣度與向度不同,《順天時報》在北京報界的地位與銷售量並非他報可相比擬,更普遍宣傳於社會各個階層;其二、投票與徵文的方便性有別,徵文品鑑門檻相對較高,不若購買報紙投票來得簡單容易,所需要的不僅是文筆通順流暢,具備一定的學養基礎,更要對於四位演員的表演藝術具有通透瞭解,方能從各方面進行鑑別優劣順序,且儘管主編劉豁公稱入選的三篇為「言論持平、文筆老練」,三位作者「對於劇學都有深刻的研究,並且持論維平,不偏私於一方,確能代表群眾的心理。」〔註 86〕但正如同張肖傖自言:「談戲評伶之眼光,不能盡人皆同,愛看共舞臺大舞臺之本戲者,未必喜聽黃金天蟾之老戲,愛看紡棉花與二百五一流人物,未必喜聽老伶工之古色古香,耳目視聽之各有所嗜,又誰能強其與相同。」〔註 87〕對於演員的欣賞品點,本就難免帶有私見,難有絕對客觀的排序,但是《戲劇月刊》透過徵文活動全面評價、整體立論,可謂是梅蘭芳、程硯秋、荀慧生、尚小雲四大名旦稱譽的底定,其中更可見荀慧生藉由報刊的運作,底下便以荀慧生為例。

〔註 86〕豁公:〈卷頭語〉,《戲劇月刊》,1931 年第 3 卷第 4 期。
〔註 87〕張肖傖:〈蒨蒨室劇話〉,《戲劇春秋》,1943 年第 6 期。

二、荀慧生白黨藉報刊創業立基

（一）荀慧生白黨藉「專號特集」運作

「四大名旦」口號成形與徵文之舉辦，其實具有耐人尋味的過程，上章已針對上海《戲劇月刊》徵文活動詳做介紹，而此處再列出三篇徵文的總結果：

蘇少卿的總評比：梅、程、荀、尚。

張肖傖的總評比：梅、程、荀、尚。

蘇老蠶的總評比：梅、程＝荀、尚。

毫無異議的，三人評比皆以梅蘭芳為首，依次為程硯秋與荀慧生（或為不相上下），尚小雲則退於末位，根據蘇少卿徵文內容的結論：

> 四大名旦口號，其先蓋出於白黨，當時蘭芳之下，小雲、豔秋名相埒、鼎足而三，馳騁藝苑，慧生時名白牡丹，猶在創業，白黨遂提出四大口號，加三為四，不久遂為世所公認。〔註 88〕

以及梅花館主（鄭子褒）事後之回顧說法：

> 提倡「四大名旦」最起勁的，不用說，當然是擁護留香（按，荀慧生的號）的中堅份子，因為那時候的荀慧生，離開梆子時代的「白牡丹」還不很遠，論玩藝、論聲望，都不能和梅尚程相提並論，可是捧留香的人，聲勢卻非常健旺，一鼓作氣，非要把留香捧到梅尚程同等地位不可，於是極力設法，大聲疾呼地創出了這一個「四大名旦」的口號。〔註 89〕

兩人皆明確指出四大名旦口號為「白黨」——擁護荀慧生的中堅份子所力拱而生，承襲前文所提的舒舍予亦是白黨之一員，這個時期演員與觀眾顯然不只是演出與觀賞的市場供需關係，戲迷基於惜才愛才的鼎力玉成，逐漸由零星個體組織成為志同道合的團體，其中多以文士為核心骨幹，結社樹黨形成所謂的「捧角集團」，或對於演員「封王尊皇」，頗有一國天子一國臣的效忠味道；或投書報章發聲力挺，正是「蓋伶人藝術縱佳，苟無文士捉筆為文，為之烘托渲染，則伶人聲價不能陡增十倍而登龍門也。」〔註 90〕相對

〔註 88〕蘇少卿：〈現代四大名旦之比較（徵文揭曉第一）〉，《戲劇月刊》第 3 卷第 4 期。

〔註 89〕梅花館主：〈四大名旦專名詞成功之由來〉，《半月戲劇》，1941 年第 3 卷第 10 期。

〔註 90〕張慶霖：〈學者與伶工〉，《戲劇月刊》，1929 年第 1 卷第 12 期。

的，演員結交文士不僅止被動接納戲曲演出的建議，更能主動邀請文士為其量身打造編劇。〔註 91〕《戲劇月刊》編輯群之一的鄭子褒，便直言包含劉豁公、鄭過宜以及他本身，「雖非地道的『白黨』，可是和『白黨』諸位仁兄有往還，而且還是知己。」〔註 92〕所以從徵文活動的擬定，和三篇文章條分縷析的結果，逐步讓由梆子轉行京劇的荀慧生受到肯定，站穩四大名旦之一的位置，而此回《戲劇月刊》舉辦的徵文活動，便將京劇四大名旦的口號推闡完成。

荀慧生能擠進四大名旦行列，完全歸因於「白黨」的成功運作，筆者根據兩項資料，一是《留香集》，學苑出版社根據 1927 年 1 月《留香集》初版資料影印出版，11 月發行第二版，該資料亦收入於《荀慧生藝術評論集》「月旦」；二是 1931 年出版的《荀慧生專號》：

表 6-9：《留香集》與《荀慧生專號》文章一覽表

《留香集》				《荀慧生專號》	
作　者	篇　名	作　者	篇　名	作　者	篇　名
寒雲	〈國香拾遺〉〈國香散記〉	也狂	〈大新觀劇記〉	求幸福齋主	〈荀慧生之特長〉
凌霄	〈誌荀慧生〉〈再說玉堂春之會審〉	斤凡	〈荀慧生之虹霓關東方氏〉	海上漱石生	〈一朵能行白牡丹〉
小隱	〈綠楊叢中之白牡丹〉	樂觀	〈觀元宵謎後〉	小隱	〈我之荀言觀〉
茀怡	〈白牡丹之色藝〉	神龍	〈荀慧生之元宵謎〉	張次溪	〈荀慧生傳〉
佚名	〈說旦〉	求妄齋主	〈聆慧記〉	肖倫	〈第一花旦荀慧生〉
遊天	〈盛極一時之戰宛城〉〈梁宅綵觴記〉〈荀慧生二度留音記〉	陶	〈荀慧生之元宵謎〉	素聲	〈荀詞〉

〔註 91〕王安祈：〈京劇文士化的幾個階段〉，《傳統戲曲的現代表現》（臺北：里仁書局，1996 年），頁 62～65。

〔註 92〕梅花館主：〈四大名旦專名詞成功之由來〉，《半月戲劇》，1941 年第 3 卷第 10 期。

抱一	〈璧合珠聯之戰宛城〉 〈北京四大名伶之大結合〉 〈奉天壽戲拾遺〉	遠哉	〈余之白牡丹觀〉	怡翁	〈荀慧生之面面觀〉
一鳴	〈新明記劇〉	憾生	〈誌白牡丹之蝴蝶夢〉	林老拙	〈荀慧生之力爭上流〉
雁影	〈新明記劇〉	石仙	〈數年前之一封書〉	天	〈荀慧生之釵頭鳳〉
佚名	〈隱俠劇談〉	明	〈白牡丹都門留別記〉	九畹室主	〈荀慧生之舊劇〉
鐵叟	〈吉祥園觀劇記〉	星輔	〈記回京後之白牡丹〉	陳雲觀	〈荀劇追記〉
華光	〈三慶園顧曲記〉	芳草	〈白牡丹在京之魔力〉	王球	〈荀慧生之全本會審〉
无量	〈荀慧生演全部玉堂春〉	君叔	〈都門白訊〉	中中	〈關於荀劇的幾封信〉
滌秋	〈玉堂春聽慧記〉	馬二先生	〈北京之劇館近狀〉	舍予	〈荀慧生釵頭鳳之成功〉
舍予	〈荀慧生之玉堂春述評〉 〈評白〉 〈評荀慧生之汾河灣〉 〈戲片消息〉	龍海	〈北京三慶園開幕之盛況〉	方肖儒	〈牡丹綠葉記〉
聽花	〈荀慧生翻演之辛安驛〉	君	〈白牡丹在滬盛況〉	笑林	〈談荀慧生〉
榴	〈評荀慧生之辛安驛〉	子褒	〈記荀慧生之臨別紀念〉	施病鳩	〈管弦聲裡話荀郎〉
劉公魯	〈荀慧生之英節烈〉	樂觀	〈滬海慧聲〉		
君叔	〈白牡丹之寶蓮燈〉 〈上海白訊〉	呂弓	〈話匣中之荀慧生穆天王〉		
一平	〈白牡丹之戲談〉	菊舫	〈賀白牡丹更換原名〉		
蔚	〈元旦夜之大新舞臺〉				

	〈白牡丹上海臨別紀念之盛況〉〈慧生南來記〉			
雉尾生	〈紀荀高之御碑亭〉			
峻生	〈荀慧生之鴻鸞喜〉			
筱汀居士	〈談荀慧生之刀馬旦戲〉			

根據上述《留香集》與《荀慧生專號》收入的文章，可見荀慧生在十里洋場上海的演出情形、滬海慧聲，臨別紀念演出的盛況述評，回京之後以〈白牡丹在京之魔力〉為題介紹在京華之唱唸做打演出；劇目的討論介紹除了正宗傳統戲之外，如拿手好戲《戰宛城》、《辛安驛》、《玉堂春》、《鴻鸞喜》等，以筱汀居士〈談荀慧生之刀馬旦戲〉評點為例，特別提出荀慧生「以穆天王、天門陣、破洪州、馬上緣、得意緣、樊江關、虹霓關頭本等戲享名」，亦包含編排新戲與編創新腔，如《元宵謎》便有署名樂觀〈觀元宵謎後〉、神龍〈荀慧生之元宵謎〉、陶〈荀慧生之元宵謎〉等三篇，在劇壇名伶均以新排本戲作為號召風氣之下，此戲「情節之變幻，穿插之趣妙，詞句之香豔，唱腔之悅耳」，便足以使看客觀眾歡欣讚賞，新編戲在以情節取勝的前提之下，荀慧生賦予劇中人物深刻的人物刻畫，追求唱腔詞句的悅耳動聽。

（二）欠缺文士輔佐與徐碧雲的退場

由以上論述，梅蘭芳與梅黨、程硯秋與程黨、尚小雲與雲社、荀慧生與白黨是正面的例子，而回看 1930 年上海《戲劇月刊》所評定的四大名旦已不見徐碧雲之名，可作為智囊團重要之證明，劇評家蘇少卿指出：「徐碧雲年與程荀尚相若，而嗓音甜潤，唱法甚美，刀馬工夫亦堪與慧生小雲伯仲，而不能列入名旦之林者，謂由於扮相不媚，固也，而其關鍵則在幕中無人為之宣傳四大名旦。」〔註 93〕若以嗓音韻味、藝術特質而論，徐碧雲堪以成名，尤其《綠珠墜樓》唱唸做舞翻的武場功夫成為獨門絕活，在 1927 年《順天時報》的票選結果，聲譽明顯凌駕於荀慧生之上，但歷經三四年時間，終究未能明

〔註 93〕蘇少卿：〈現代四大名旦之比較（徵文揭曉第一）〉，《戲劇月刊》第 3 卷第 4 期。蘇少卿：〈論四大名旦的影響及其結局〉，《雜誌》，1943 年第 11 卷第 6 期。

確列入名旦之林，概因其扮相嫵媚不足，以及所體現的氣質不甚明顯突出，正如同資深劇評家劉嗣先生所言「媚氣不足」:「（徐碧雲）論長相很是漂亮，不知怎的扮上卻不盡如人意，有點窩窩囊囊的寡婦相」，甚至覺得徐當初應該唱小生，不該改演旦角。〔註 94〕此點實為祖師爺不賞飯吃，反觀梅蘭芳即是得天獨厚，扮相秀麗端莊。除此之外，蘇少卿點明徐碧雲之退場關鍵點，便是在於徐身邊缺少「徐黨」智囊團的運籌帷幄、簇擁協助，欠缺專屬的公關文宣，量身打造的私房劇目數量相對較少，此亦充分反映梅尚程荀名角出線的情形，與「捧角」的關係密不可分。〔註 95〕加上徐碧雲 1931 年卻突然絕跡舞臺，原因眾說紛紜，根據其學生畢谷雲指出：「原因是得罪了當時北平的軍政頭面人物，被勒令今後不准再在北平演出。」〔註 96〕曾參加徐碧雲劇團的李洪春，其回憶錄指出當時北洋軍閥以有傷風化之罪名，迫使徐碧雲只能流落外地，以跑碼頭維持生計。〔註 97〕總結以上說法，以畢谷雲與李洪春之說法較為可信，概因徐碧雲不檢於行，私人桃色風波得罪軍閥，逼不得已被迫離開北京，此結果對其生涯影響甚劇，已然開創的徐派新局面，最終尚未站穩確立其影響力而旋即消失舞臺。

小結

自 1920 年旦行藉由唱片與電影視聽媒介的迅速傳播，演員唱腔得以廣泛被注意、滿街傳唱，而拍攝電影動用資金遠大於唱片，更形成一股前所未見的宣傳力量，從無聲至有聲、黑白到彩色，將名伶的聲音與影像予以完整紀

〔註 94〕劉嗣：《劉嗣論國劇》（臺北：黎明文化出版社，1984 年），上冊，頁 158。

〔註 95〕捧角文化成為時髦，形成自清末以來特殊的時代風尚，相關研究參見如下，葉凱蒂：〈從護花人到知音——清末民初北京文人的文化活動與旦角明星化〉，收入陳平原、王德威編：《北京：都市想像與文化記憶》（北京：北京大學出版社，2005 年），頁 121～134。徐家林：〈捧角都市裡的瘋狂：近代上海京劇現象〉，《貴州社會科學》，2007 年第 3 期，頁 40～45。徐劍雄：《京劇與上海都市社會（1867～1949）》（上海：上海三聯書店，2012 年），頁 250～268。徐煜：〈明星崇拜心理中的非審美成分——以晚清以來捧角現象為樣本〉，《戲劇文學》，2012 年第 10 期。分商人、銀行界的金融巨子、文人、新聞界、普通市民等社會各階層。

〔註 96〕畢谷雲、朱永康：〈徐碧雲老師的舞臺生涯〉，《京劇談往錄四編》，頁 355。

〔註 97〕李洪春述、劉松岩整理：《京劇長談》（北京：中國戲劇出版社，1982 年），頁 165～166。

錄再現並普及化，把剎那化為永恆，讓表演藝術突破時空限制得以延續，對於演員身分地位的提高產生極大作用，而無論唱片灌製或電影拍攝的總量數目，梅蘭芳均是旦行第一人，在勇於嘗試與積極摸索之間，準確抓住時代脈動與順應科技潮流，並在這些作品中展現自我意識與表演堅持。而報刊作為現代閱讀媒介的主體，可視為唱片與電影之外的互補佐證，不僅真實反映京劇劇壇生態、審美風氣，更可看出演員明星化的過程，更重要的，將此「旦角明星化」的情況，放置於民國時代風文化圍底下，重回當下時空背景而言，利用大眾媒體來宣傳傳播，得知四大名旦京劇流行與社會緊密連動，京劇不只是庶民娛樂，而是與外在的文化思潮相互關涉，顯現出特殊而廣闊之社會與文化史上的意義。以上是本章從外部因素論析旦行的崛起至鼎盛，下一章欲從四大名旦的藝術內部本體討論創作理念與型態。

第七章　旦行流派之特殊創作型態

前言

旦行流派特殊的創作型態，亦涵蓋所謂的「市場考量」，正因為京劇是當時流行的大眾娛樂，勢必直接面對觀眾、著眼市場，演員搬演新戲與安排戲碼，所導致走紅與否尚屬其次，最重要的是養活自己個人、甚至於維持整個戲班生計，所以售票賣座的商業經濟絕對是前提。而四大名旦之快速崛起與自成派別，成為京劇旦行最為光豔奪目的演員代表人物，其盛況空前與可貴之處在於密集且頻繁的「創作新戲」：不僅只正面迎合消費者觀眾與市場需求，演員本身更是有意識的主導，面對時代脈動的衝擊挑戰，分別與其專屬編劇聯手合作，從服裝設計到舞臺美術之「創作技法」，在持續不斷的嘗試摸索中逐步形成清楚的「創作理念」。因此「案頭與場上」所交織出「編演關係」是本章首先所要論述的焦點，以及牽涉的「創作技法、專屬劇目與流派成形」等方面，本章以此為分節依據、分別論述。

第一節　編演關係：演員與編劇的創作理念

1927年的《順天時報》登載隱俠〈五大名伶首選佳劇之原著者〉文章，〔註1〕介紹了五大名伶梅蘭芳、尚小雲、荀慧生、程硯秋、徐碧雲新劇的編創原著作者，分別為齊如山、清逸居士、陳墨香、羅癭公、賀薌垞，即明確指

〔註1〕隱俠：〈五大名伶首選佳劇之原著者〉，《順天時報》，1927年7月26日。隱俠：〈五大名伶首選佳劇之原著者（續）〉，《順天時報》，1927年7月27日。

出了佳劇「原著者」與演員關係兩方密不可分，而由「五大名伶」激烈競勝到「四大名旦」之地位確立，演員表演的主導與劇作家劇本創編特色越趨明顯，因此在談論「編演關係」之前，必須先對於這批劇作家概略介紹之外，更進一步含括演員身後出資出力的「智囊團」，〔註 2〕筆者根據翻閱四大名旦傳記資料，整理與之相關人物如下：

表 7-1：「四大名旦」智囊團一覽表

演　員	智囊團
梅蘭芳「梅黨」	齊如山、李釋勘、馮幼偉、樊樊山、吳震修、許伯明、舒石父、羅癭公、姚茫父、易實甫、張季直、陳三立、陳師曾、黃秋岳、郭民原、張孟嘉、言簡齋、張庾樓、許姬傳等
尚小雲「雲友」	清逸居士（溥緒）、還珠樓主（李壽民）等
程硯秋「程黨」	羅癭公、金仲蓀、翁偶虹、陳叔通、李煜瀛等
荀慧生「白社」	陳墨香、嚴獨鶴、袁寒雲、周痩鷗、舒舍予、沙大風（沙游天）、吳昌碩、胡佩衡、于非闇、壽石工、胡冷庵等

以上所列「梅黨」、「雲友」、「程黨」、「白社」同好雅集具是有頭有臉大人物，正如名票蘇少卿所言「觀四子師友之多少，亦斷其事功矣。」不乏家世顯赫之名士顯宦，涵蓋政治圈者有陳叔通，銀行界者有馮幼偉、吳震修、許伯明，報界沙大風曾主辦天津《大風報》，著名畫家如吳昌碩、胡佩衡，文化圈齊如山、李釋勘、吳震修、羅癭公、陳墨香等近代名家，文學造詣甚高、以詩詞冠譽文壇。而「四大名旦」四個支持團體基本上各為其主，鮮少流動、相對穩定，可謂是「御用」，偶有一點流動之特殊情況，如原屬「梅黨」成員之一的羅癭公，有詩一首：「除卻梅郎無此才，城東車馬為君來。笑余計日忙何事，看罷秋花又看梅」，最後一句所指「秋花」便是程硯秋，他曾替梅蘭芳編寫劇本，後專心打造培育程硯秋，成為程派的重要推手，形成程派特定氣質。文士與演員之間亦師亦友，構築不遺餘力的輔佐模式，建立相互依存的關係，尤以「梅黨」最為明顯，集合文化圈與銀行界兩大重要群體，既有如著名記者兼劇評家徐凌霄（1886～1961，本名徐彬彬）之《古城返照記》所提出「捧角」說的「文捧」——找名流文士賦詠，〔註 3〕其實可擴大包含主導報刊劇評、掌

〔註 2〕王安祈：〈京劇文士化的幾個階段〉，《傳統戲曲的現代表現》（臺北：里仁書局，1996 年），頁 70～71。

〔註 3〕徐凌霄（1886～1961）之《古城返照記》，自 1928 年起至 1931 年於上海《時報》連載，乃紀實性質之連載小說出版的長篇巨製，其中第三十二回「愛國

控輿論，運用報刊媒體刻意包裝、推波助瀾積極宣傳演出劇目，例如《申報》出現的「梅訊」專欄，以及編輯印製特刊專集等；另一方面不可缺少的「經濟捧」——出資幫忙改良設備，梅蘭芳演出古裝新戲的置裝行頭，便是由梅黨襄助添購，鋪路支持立足京劇營業市場，這是國內表演的部分，更不能不提及梅蘭芳乃是出國訪問演出之京劇演員第一人，1919 年與 1924 年兩次赴日本交流表演，首次赴日還與歌舞伎同臺演出，在亞洲之行名傳東洋後，1930 年更率團遠赴美國與蘇聯，1956 年第三次訪日，除了成功將京劇藝術推向國際，亦如劉彥君〈梅蘭芳歷史地位的確立〉一文所言：「梅蘭芳在與文人結合中得到的另外一個巨大的好處，是世界眼光的打開和走向世界舞臺。〔註 4〕讓梅蘭芳視野愈加開闊，這一切皆端賴梅黨創作團隊長期以來幕前幕後策劃指揮全局，從擇選題材、搬演劇目、表演唱腔無一不干涉指導，而在這些「捧角」層面之外，梅黨更是計畫性的輔佐建立演員形象，與梅蘭芳展現自我創作的主體意識過程相合相成，本節即由梅蘭芳的創作理念談起。

一、梅蘭芳的創作理念

（一）從相公堂子金釵轉型名伶

梅蘭芳推出「時裝新戲」《孽海波瀾》、《宦海潮》、《鄧霞姑》、《一縷麻》、《童女斬蛇》，呼應京劇改良運動風潮；編演「古裝新戲」《嫦娥奔月》、《黛玉葬花》乃至於後來《西施》、《洛神》、《霸王別姬》等，從清雅空靈氣韻至凝重華貴氣度，逐步塑造梅派藝術，而論述梅蘭芳的創作理念之前，必須先提及其「相公堂子」「梅郎」的出身，「相公堂子」指的是稚齡韶秀乾旦侑酒侍宴，么書儀《晚清戲曲的變革》〔註 5〕一書具有詳細考察討論：徽班進京引起戲曲變革之際，亦開展新興娛樂活動「打茶圍」（亦稱「打茶會」，晚清又稱

聚眾東瀛傳檄，捧梅結社約法三章」，便將捧角分為「臺前捧、後臺捧，臺上捧，文捧，武捧、經濟捧、藝術捧」。徐凌霄著、徐澤昱等整理：《古城返照記》（北京：同心出版社，2002 年）。徐凌霄本名徐彬彬，為民初著名新聞記者與劇評專欄作家，參見徐彬彬著、蔡登山編著：《晚清明國史事與人物：凌霄漢閣筆記》（臺北：獨立作家出版社，2016 年）。

〔註 4〕劉彥君：〈梅蘭芳歷史地位的確立〉，《藝術百家》，1996 年第 2 期，頁 11。

〔註 5〕么書儀：〈晚清戲曲與北京南城的「堂子」〉，《晚清戲曲的變革》（北京：人民文學出版社，2006 年），頁 92～152。另參閱么書儀：〈作為科班的晚清北京「堂子」〉，《北京社會科學》，2004 年第 3 期，頁 22～28。么書儀：〈戲曲史敘述中的北京「堂子」〉，《北京：都市想像與文化記憶》（北京：北京大學出版社，2005 年），頁 74。

「逛堂子」、「串門子」），主要是由戲班中年輕男演員（特別是乾旦）在演出餘暇從事侑觴延客、歌唱應酬的收費營業，地點可以是顧客指定的酒樓飯莊，但大多數是在營業者的住處，成名的伶人別立下處，則稱為「私寓」或「私坊」；嘉慶至光緒年間，「堂子」甚至被視為勝於科班的學藝最佳途徑，同治 12 年（1873 年）《菊部群英》紀錄包含：聞德堂、春華堂、景和堂、岫雲堂、西安義堂、綺春堂、桐雲堂、瑞春堂、春茂堂等，這些堂子的主人多為當時首屈一指名伶，如：景和堂主人為「同光十三絕」之一梅巧雲、西安義堂主人為胡喜祿、綺春堂主人為時小福等。而梅蘭芳幼年在朱小芬「雲和堂」學藝，人稱「梅郎」，更是「雲和堂十二金釵」之一，《北洋畫報》1928 年第 168 期登載署名小迂贈刊之「雲龢堂十二金釵圖」，內文介紹：「雲龢堂清末北京著名教坊，人材輩出，造就名伶不少，今日鼎鼎大名之梅郎，即發祥於此。」辻聽花所著《中國劇》：「今日名優中，如時慧寶、王瑤卿、王鳳卿、朱幼芬、陳葵香、梅蘭芳、姜妙香、王蕙芳等，均係私寓出身，亦像姑時代之傑出者也。」〔註 6〕提及私寓出身的名伶便有梅蘭芳，而這段歷史在其生涯傳記、相關文集論著中均被隱蔽抹去，概因「堂子」在民國以後被明令嚴禁，出於伶人自覺、亦是社會維新氛圍，宣統元年（1909）名伶田際雲首倡取消廢除私寓，民國元年再次上呈於北京外城總廳，「請查禁韓家潭像姑堂，以重人道」，〔註 7〕而後外城總廳出於「整齊風俗、保障人權之責」，公告通知查禁此類「以戲為名，引誘良家幼子，飾其色相，授以聲歌，其初由墨客騷人偶作文會宴遊之地，沿流既久」的「藏污納垢之場」，更貶斥歌郎「以媚人為生活，效私娼之行為」，「人格之卑，乃達極點」。因此歌郎出身的梅蘭芳刻意諱言此段經歷，1919 年由穆儒丐（1884～1961，即穆辰公）所著《梅蘭芳：穆儒丐孤本小說》，〔註 8〕以歌郎「蘭芳奮志繼父業」為主軸，細說晚清民初梨園堂子歌郎生態，出版後立刻被「梅黨」重要成員之一的馮耿光收購焚燒銷毀，至 2012 年由陳均編校後於臺灣出版社重新發行，「孤本」重見天日，才得以

〔註 6〕辻聽花：《菊譜翻新調：百年前日本人眼中的中國戲曲》（杭州：浙江古籍出版社，2011 年），頁 24。

〔註 7〕張次溪：〈請禁私寓〉，《清代燕都梨園史料》（北京：中國戲劇出版社，1991 年），頁 1243。

〔註 8〕穆儒丐著、陳均編訂：《梅蘭芳：穆儒丐孤本小說》（臺北：釀出版，2012 年）。收購銷毀民國初年穆儒丐（1884～1961）所撰寫涉及梅蘭芳歌郎「相公堂子」的小說書籍。這段過程被紀錄在鄭逸梅的《藝林散葉續編》第 153 條，引自么書儀《晚清戲曲的變革》，頁 214。

一窺究竟、一探「彼時所忌」，小說封面特以如此文字宣傳：「九十年前，原書被『書中人』焚燬殆盡；九十年後，僅存『孤本』重編，再現梅蘭芳之歌郎前史」，終於能探究梅蘭芳的「歌郎前史」，且不只是臺灣出版，爾後 2015 年大陸學苑出版社發行的《梅蘭芳珍稀史料匯刊》收入此書，谷曙光〈梅蘭芳題材小說略論〉一文分析此小說大體近於實事影射，〔註 9〕吳新苗《梨園私寓考論》亦有論說，上述出版現象代表著所有資料完全公開化，清楚可見梅蘭芳「諱言的過去」，正如王安祈《性別、政治與京劇表演文化》指出：「以雅正擺脫相公堂子出身陰影」，〔註 10〕因此梅蘭芳的創作型態和劇中女性的「雅正」塑造，與這段「不願明說的歌郎經歷」應有直接且密切關連。

（二）梅蘭芳的創作理念與齊如山編劇意識相合

梅蘭芳初步展現對於演出劇目的思考，可從首次赴上海表演戲碼來切入，端出的「壓臺戲」《穆柯寨》風靡江南，便是聽從梅黨智囊團建議，考量上海觀眾的觀賞喜好與欣賞焦點，較為注重翻跌武打、靈活唱做，便捨棄深厚唱工戲，特別選擇了扮相足以讓觀眾眼睛為之一亮，更能展現放翎抖袖漂亮身段動作的《穆柯寨》。爾後以「經常擔任起草打提綱」〔註 11〕之齊如山為首，與梅黨文人共同執筆打造一系列古裝新戲，以烘托演員為編劇旨趣，一方面在劇中人物選擇上下足功夫，另一方面以「有聲必歌、無動不舞」為前提，在每一齣新戲中安排特殊歌舞：

表 7-2：梅蘭芳新戲歌舞一覽表

古裝新戲劇目	歌　舞	古裝新戲劇目	歌　舞
1915《嫦娥奔月》	花鐮舞、袖舞	1920《上元夫人》	拂塵舞
1916《黛玉葬花》	花鐮舞	1921《霸王別姬》	劍舞
1916《千金一笑》	撲螢舞	1923《洛神》	拂塵舞
1917《天女散花》	綢舞	1923《西施》	羽舞（佾舞）
1918《麻姑獻壽》	盤舞	1923《廉錦楓》	刺蚌舞
1918《紅線盜盒》	拂塵舞、劍舞		

〔註 9〕谷曙光：〈梅蘭芳題材小說略論〉，《中國現代文學研究叢刊》，2015 年第 5 期，頁 199～210。

〔註 10〕王安祈：《性別、政治與京劇表演文化》（臺北：臺大出版中心，2011 年），頁 12。

〔註 11〕《舞臺生活四十年》，《梅蘭芳全集》第一卷，頁 255。

這批古裝新戲歌舞紛華盛麗，結合崑曲詩化抒情特質，對照齊如山自言：「我想著把衣服扮相設法都給他改成古裝，並每句唱詞都安上身段，成為一齣歌舞劇。這種辦法，在皮黃劇中還是創舉，一定可以一新觀眾之耳目。」〔註 12〕如本論文第三章所述，以梅蘭芳的學戲歷程而言，陸續學會崑曲裡的正旦、閨門旦、貼旦，亦擅演許多崑曲劇目，更一口氣學會了三十幾齣的崑曲，於民國四年開始演唱，〔註 13〕著名京崑小生俞振飛便認為《遊園驚夢》堪稱梅蘭芳崑曲代表作。〔註 14〕京劇演員對於崑曲精緻的表演藝術自然有所吸收，但在這樣「取崑之長」的氛圍環境中，事實上是將京劇和崑曲分開區隔來看的，例如營業售票演出時可貼演《彩樓配》、《女起解》之外，還能唱上幾齣崑曲如《思凡》、《偷詩》等折子戲，便足以向觀眾證明自己的藝術全面。同樣的情況如 1923 年方二十程硯秋二赴上海演出，採納「程黨」智囊團之陳叔通建議：學習梅蘭芳加演一兩齣崑劇，便找上了俞振飛搭配演出崑劇閨門旦看家戲《遊園驚夢》，博得「絳樹雙聲」、「感日月合璧之快」好評。〔註 15〕回到梅蘭芳古裝新戲來說，編劇齊如山的想法策略不僅只於此，認為應該進一步由借鑑雅典崑曲之「歌舞身段、文學美感、文化美感」著手，打造京劇旦角新風貌，一方面將崑曲之載歌載舞、精準講究套用於京劇表演，亦是針對自晚清以來傳統正工青衣「行不動裙，笑不露齒，手不離肚」表演模式，只需著重唱唸，並不重視、也不講究身段，即使京崑劇種本質風格不同：「崑腔的歌唱，音節都圓和，皮黃的腔調都是硬彎，也可以說是死彎，身段真難動作，動的太圓和與腔調音樂都不呼應；與音樂腔調都呼應，身段又不易美觀，很是為難。」〔註 16〕但經過設計調整，證明《嫦娥奔月》中搭配花鐮砌末表演讓身段更具可看性，還使得嫦娥思緒得以形象化的呈現；另一方面，將崑曲之劇本文采、抒情筆法挪移至京劇美學，起源自民間的京劇曲文俚直、淺白通俗自成一格，而齊如山「因梅設戲」的劇本則有意識強調古典美感、著重詞優句雅，1916 年推出的「紅樓戲」〔註 17〕更露端倪，事隔

〔註 12〕齊如山：〈齊如山回憶錄〉，《齊如山全集》（臺北：聯經事業股份有限公司，2016 年），頁 6123。

〔註 13〕《舞臺生活四十年》，《梅蘭芳全集》第一卷，頁 318。

〔註 14〕俞振飛：〈無限深情杜麗娘〉，《梅蘭芳藝術評論集》（北京：中國戲劇出版社，1990 年），頁 434～439。

〔註 15〕唐葆祥：《俞振飛傳》（上海：上海文藝出版社，1997 年），頁 45～47。

〔註 16〕齊如山：〈齊如山回憶錄〉，《齊如山全集》，頁 6124。

〔註 17〕「紅樓戲」以清朝仲振奎（1749～1811）於乾隆 57 年創作〈葬花〉一折為始，

十年之後《俊襲人》的搬演，更將梅蘭芳與紅樓戲的關係增添一筆。

綜觀梅蘭芳古裝新戲的嘗試，儘管劇本情節簡單，編劇齊如山別出機杼的創作詞句，成為了梅蘭芳表演的依據；撰寫唱詞念白之際，等於是安排設置演員歌舞的方位。更重要的是，梅蘭芳參與了整體的創作，如《天女散花》創發古裝扮相、雙手舞綢之舞臺構思：藉由敦煌古畫塑像，設計古裝髮髻，打造天女服裝造型；清楚意識到原有古典戲曲的水袖服飾，不足以表現御風而行的飄逸空靈，便改以長綢帶取而代之。因此由梅蘭芳所開創的新戲刮起一股旋風，名票蘇少卿言：「《葬花》新派先河，坤角競學，有婢學夫人之譏矣。」〔註 18〕許多坤伶便搭上這波流行熱潮刻意模仿，只是無法習得精髓而落人譏笑。由此也可析論這批新戲之所以成功，筆者認為以下三方面俱佔有重要因素：

編劇下筆：考慮演員歌舞

演員發揮：參與創作呈現

編腔設計：運用西皮二黃、曲牌子

這三環節中最重要的是：齊如山的編劇意識與梅蘭芳的創作理念相契合，編劇下筆編寫新戲以嘗試「恢復崑曲的味道特質」，劇本、唱腔、音樂、扮相、表演每一環節看似京崑並立而交互為用，抒情造境的精神雖無庸置疑，但是整體而言崑曲之心緒流蕩、幽微情致，在齊梅等人共同打造的古裝新戲中仍缺少幾分。如王安祈於〈京崑女性塑造比較初探〉一文所指出：「傳統崑劇折子能深掘女性內在」，「傳奇多出於文人之筆，意象化以及內旋深掘式的曲文寫作筆法，情感剖析深入細膩，性格塑造可以曲文為依歸，女性內心不可言傳的幽微情懷可由曲文中窺見」，〔註 19〕齊如山的編劇意識一方面賦予新戲詞藻華美，有別於傳統京劇劇本的質樸，另一方面表演設計著重載歌載舞，相對的忽略了崑曲女性身體情態的描摹，以及情態裡頭對於情欲的追求，這部分卻也不偏不倚正是梅蘭芳所刻意壓抑住的。

而此處必須提及的是 1930 年代魯迅（1881～1936）對於梅蘭芳的批評，

自此《紅樓》戲日益增多，參見徐扶明：〈《紅樓夢》與《紅樓》戲〉，《紅樓夢與戲曲比較研究》（上海：上海古籍出版社，1984 年），頁 233。另參閱阿英編：《紅樓夢戲曲集》（北京：中華書局，1978 年）。

〔註 18〕蘇少卿：〈憶梅〉，《戲劇月刊》第 1 卷第 6 期。

〔註 19〕王安祈：〈京崑女性塑造比較初探〉，收入洪惟助主編：《名家論崑曲》上冊（臺北：國家出版社，2010 年），頁 441～483。

〈論照相之類〉一文乃魯迅觀賞梅蘭芳《黛玉葬花》劇照，從個人審美觀出發，極不認同扮相與林黛玉劃上等號；而發表於 1934 年報刊〈略論梅蘭芳及其他〉一文更是具有針對性，回溯當下時空背景，乃是梅蘭芳赴美訪問演出、載譽歸國，國際名聲與社會地位的外在形象均達顛峰之際，魯迅毫不客氣直指：「梅蘭芳不是生，是旦，不是皇家的供奉，是俗人的寵兒，這就使士大夫敢於下手了。士大夫是常要奪取民間的東西的，將竹枝詞改為文言，將小家碧玉作為姨太太，但一沾他們的手，這東西就要跟著他們滅亡。他們將他從俗眾中提出，罩上玻璃罩，做起紫檀架子來。教他用多數人聽不懂的話，緩緩的《天女散花》，扭扭的《黛玉葬花》，先前都是他做戲的，這時卻成了為他而做，凡有新編的劇本，都只為了梅蘭芳，而且是士大夫心目中的梅蘭芳。」〔註 20〕魯迅作為啟蒙時代新文化運動的先驅，五四時期文壇祭酒，大力批判以京劇為代表的中國舊戲，在文中直言不諱士大夫捧梅編戲、由俗轉雅，感嘆梅蘭芳「竟沒想到從玻璃罩裡跳出」。雖然在梅蘭芳所有相關文集當中未見任何正面回應，但魯迅言詞勢必對其內在隱衷產生影響，面對魯迅的批判，更是反激往文化伶人的路上發展。

因此，當梅蘭芳躍身成為第一個掛頭牌的旦角，有心導正出身形象，抹滅相公堂子的痕跡，刻意搬演時裝新戲成為文化人，邀請文士合作編演新戲，更接受自國外歸來的齊如山意見，一步一步改變了傳統京劇旦行的表演風格與人物塑造。

二、程硯秋的創作理念

相對於齊如山對梅蘭芳的打造，同樣的情況也在程硯秋身上看見，經文士亦是恩師羅癭公與金仲蓀之協助編劇與設計排戲下，程硯秋從初出茅廬的青澀配角逐步轉換風采，尤其是金仲蓀的劇本打造，滿足程硯秋對於愛國思想的創作想法，《荒山淚》與《春閨夢》既符合反戰思想的主軸訴求，劇本詞情與程硯秋聲情亦能緊密貼合，成為程派代表劇目之外，特別的是與「職業編劇家」翁偶虹合作的《鎖麟囊》，可以分為幾個層面討論，第一是翁偶虹筆耕不息的「職業編劇」身份，同時為多位名伶或戲班「量體裁戲」，並未專屬於特定演員，關於翁偶虹的介紹，本論文第五章已有初步介紹，此處特別著

〔註 20〕魯迅在〈略論梅蘭芳及其他〉文中，批評士大夫將梅蘭芳從俗眾中提出，「蒙上玻璃罩，做起紫檀架子來」。《中華日報・動向》，1934 年 11 月 6 日。

重其對於舞台與演員的熟稔，對於戲曲的爛熟於胸，新戲劇作題材多元能因人制宜以配合演員特色，不同於程硯秋之前的編劇，亦有別於梅蘭芳、荀慧生、尚小雲均採專屬文士編劇為其打造；第二是《鎖麟囊》唱念作打更可見程硯秋自己全盤主導，此時的京劇演出無論老戲新劇都無須導演，在「職業編劇」的配合之下，程硯秋真正擁有了主導權，既是編劇的一份子，同時也是「演員」兼「主排」。第三是《鎖麟囊》因劇中階級意識遭到禁演，之後重登舞臺所涉及層面相當廣泛，王安祈〈《鎖麟囊》影音製作的商業、權力與政治〉一文，〔註 21〕便藉由程派名票高華（1906～1986）空拉唱片、《鎖麟囊》「絕版賞析」（1946 年程硯秋在上海天蟾舞臺演出錄音）、「音配像」（張火丁根據 1954 年程硯秋明場錄音配像）各式影音載體資料，論析影音製作關涉的權力互動與文化政治，筆者在此論述基礎上，進一步從編劇翁偶虹創作角度切入，企圖說明演員程硯秋的主導性與創造處。

《鎖麟囊》雖然是編劇翁偶虹的命題作文，之所以成為經典，一是劇情緊湊文辭優美，二為板式變化多端與新編唱腔動聽，兩者缺一不可。編劇翁偶虹將全劇分為四個重點部分：「避雨贈囊、尋球認囊、重溫往事、災後團聚」，〔註 22〕本劇第一個明顯的對比「春秋亭避雨贈囊」，花轎內的薛湘靈聽聞陣陣啼哭，心中不解有感而發：「春秋亭外風雨暴，何處悲聲破寂寥；隔簾只見一花轎，想必是新婚度鵲橋。吉日良辰當歡笑，為什麼鮫珠化淚拋？」〔註 23〕先令丫環梅香、後令家僕薛良前去問個明白，才知道對方因家業貧寒無有妝奩而難堪落淚，到此時方才明白世間也有如此困頓窘迫，於是以鎖麟囊相贈：「聽薛良一語來相告，滿腹嬌矜頓雪消。人情冷暖憑空造，何不移動它半分毫。我正不足她正少，她為飢寒我為嬌。分我一枝珊瑚寶，安她半世鳳還巢。」〔註 24〕編劇翁偶虹從唱詞點出薛趙兩家之富貴對照，程硯秋以「二六轉流水」的板腔轉化，唱出主角由對於妝奩的挑剔嬌縱，轉而慷慨解囊之惜弱憐貧。本劇第二處重點「尋球認囊」，薛湘靈遭逢水災流離失所，只得淪落與他人幫傭過活，正當陪著小少爺盧天麟玩耍之際，此處編劇刻畫兩人遊

〔註 21〕王安祈：〈《鎖麟囊》影音製作的商業、權力與政治〉，《錄影留聲　名伶爭鋒——戲曲物質載體研究》（臺北：國家出版社，2016 年），頁 157～193。

〔註 22〕翁偶虹：〈《鎖麟囊》編寫前後〉，收入中國戲曲家協會北京分會、程派藝術研究小組：《秋聲集：程派藝術研究專集》（北京：北京出版社，1983 年），頁 114。

〔註 23〕《程硯秋演出劇本選集》，頁 403。

〔註 24〕翁偶虹：《翁偶虹劇作選》（北京：中國戲劇出版社，1994 年），頁 21。

玩互動許多對白，直到天麟疲倦睡熟，薛湘靈在此時此刻不禁悲從中來，所唱曲調強烈的【二黃慢板】、【快三眼】轉【垛板】又轉【快三眼】：

薛湘靈：一霎時把七情俱已磨盡，參到了酸辛處淚濕衣襟。
我只道鐵富貴一生鑄定，又誰知禍福事頃刻分明；
想當年我也曾綺裝衣錦（撒嬌使性），
到今朝只落得破衣舊裙（哪怕我不悔前塵）。
這也是老天爺一番教訓，
他教我收餘恨，免嬌嗔，且自新，改性情，休戀逝水，
苦海回身，早悟蘭因。
可憐我平地裡遭此貧困，遭此貧困，我的兒啊……。〔註 25〕

此段板式變奏正如程派另一經典傳統戲《賀后罵殿》，一樣運用了【二黃慢板】轉【快三眼】，「腔隨情變、聲隨情轉」，腔調隨著劇中主角百感交集而變化轉折，薛湘靈回憶昔年綺裝衣錦到如今破衣舊裙，抒發感嘆人生世事難料變化莫測，其中更突破傳統京劇七字句或十字句的唱詞模式，因應長短句而設計創造低昂有節、疾徐有致的新腔，搭配翁偶虹文辭之中道出普遍尋常的莫可奈何，自然而然感動臺下每一位觀眾，倍加觸動看戲者的人生感慨，演員自身也特別有所觸動，而來自上海的「青衣祭酒」顧正秋（1929～2016），即是以「休戀逝水」當作回憶錄之書名，〔註 26〕為其瑰麗傳奇經歷與斑斕生命情調的總寫照，感悟道盡戲如人生、人生如戲。劇情接續為薛湘靈無意間發現鎖麟囊，揭開層層來龍去脈之「重溫往事」，此處可見程硯秋之主導，根據翁偶虹回憶自己編定劇本之後，程硯秋一邊細看劇本、一邊打著拍子，在趙守貞仔細盤根問底時，薛湘靈娓娓道出往事的唱段，原本的設定安排是連貫而下，而程硯秋主動對翁偶虹說：

> 您看這一場的【西皮原板】是不是把它掐段兒分做三節，在每一節中穿插著趙守貞三讓座的動作，表示薛湘靈的回憶證實了趙守貞的想像，先由旁座移到上座，再由上座移到客位，最後由客位移到正位。這樣，場上的人物就會動起來了。〔註 27〕

〔註 25〕《程硯秋演出劇本選集》，頁 427。《程硯秋演出劇本選集》與《翁偶虹劇作選》所收之唱詞略有出入，見《翁偶虹劇作選》，頁 43～44。
〔註 26〕顧正秋：《休戀逝水：顧正秋回憶錄》（臺北：時報出版社，1997 年）。
〔註 27〕翁偶虹：《翁偶虹編劇生涯》（北京：同心出版社，2008 年），頁 129。

程硯秋提出能否將原先一大段的【西皮原板】「掐段兒一切為三」，可說是程硯秋細膩注意到整體戲劇的推展性，此刻唱腔的功能是「對人說話」，是向夫人趙守貞敘述當年出嫁情景，不同於在此之前的一人獨唱、內心獨白，因此若是佇立定位一口氣說完唱盡，層次感與推動性似乎就減少許多，因此程硯秋決定提出分段為三的建議，而翁偶虹欣然接受更動要求，因此改為：第一段先行描述出嫁當日天氣轉變，「那一日好風光忽然轉變，在轎中只覺得天昏地暗」；第二段才講到二乘花轎同處避雨，描繪另一乘花轎參差斑駁模樣：「那花轎必定是因陋就簡，隔簾兒也曾側目偷觀」；第三段敘述鎖麟囊內有何寶物：「有金珠和珍寶光華燦爛，紅珊瑚碧翡翠樣樣俱全」，中間穿插與夫人、丫鬟碧玉對白，三波詢問漸進構成緊張感、懸宕感、層次感，儘管觀眾都知道真實答案，但本來傳統戲曲不瞞觀眾、只瞞劇中人，臺下看客依然望眼欲穿真相大白。而與此同步安排「三把椅、三讓座」——薛湘靈由先無座位、移到客位、再達上座，〔註 28〕薛湘靈膽怯走一步退一步、趙守貞亦步亦趨向前迎接，〔註 29〕場上的挪椅擺座增添畫面新鮮感，人物的走位移動營造舞臺流動性，而根據王安祈文章指出：「三把椅、三讓座」身段在臺灣是遺失的，〔註 30〕即使以臺灣程派演員來說，並沒有真正師承自程硯秋的嫡傳弟子，如曾挖角聘用程硯秋琴師穆鐵芬的章遏雲（1912～2003），〔註 31〕以及演唱《鎖麟囊》極為著名的顧正秋，與程硯秋有過一面之緣，〔註 32〕看過三回《青霜劍》進而模仿身段表演，兩人的表演均沒有三把椅與三讓座片段。對比之下，筆者觀看大陸程派名家，則見清臞王吟秋表情做派內斂含蓄，走動移位之簡鍊水袖手勁十足，趙榮琛水袖翻騰幅度較大。

最後末場高潮「災後團聚」，薛湘靈得與家人久別相逢，一開始仍難以置

〔註 28〕蘇少卿於《申報》「壽春壺齋曲話」專欄，發表〈觀程硯秋初演鎖麟囊簡評〉，舉出該劇優點之一便是：「末場薛湘靈由先無座位到客位、上座，安排得宜。」參見蘇少卿：〈觀程硯秋初演鎖麟囊簡評（上）〉，《申報》，1940 年 5 月 10 日。

〔註 29〕翁偶虹：《翁偶虹編劇生涯》，頁 129。

〔註 30〕王安祈：〈《鎖麟囊》影音製作的商業、權力與政治〉，《錄影留聲　名伶爭鋒——戲曲物質載體研究》，頁 185。

〔註 31〕章遏雲著、沈葦窗編：《章遏雲自傳》（北京：中國戲劇出版社，1991 年），頁 47。

〔註 32〕顧正秋口述、劉枋執筆：《顧正秋的舞臺回顧》，頁 193～194。顧正秋：《休戀逝水：顧正秋回憶錄》，頁 110。季季：《奇緣此生顧正秋》（臺北：時報出版社，2007 年），頁 137～143。

信：「換珠衫依舊是當年容樣，莫不是心頭幻我身在夢鄉」，直到見著娘親與孩兒才放寬心，此場所唱的【西皮二六】唱段，除了表現悲喜交切之情緒外，唱腔更顯獨到之處，翁偶虹紀錄了兩人的意見交換：

程硯秋：薛湘靈換裝上場後的那段【南梆子】，我打算改唱【二六】，不用換詞，照樣能唱。

翁偶虹：我安排這段【南梆子】，本來是為表現薛湘靈喜悅和傷感複雜情緒。

程硯秋：我明白。這個板式，就是像《春秋配》裡姜秋蓮唱的似的。不過我認為薛湘靈此時的心情，應該是沉重過於輕鬆，唱【二六】更顯莊重。

翁偶虹：【南梆子】裡可以加【哭頭】啊！

程硯秋：【二六】裡照樣可以加【哭頭】。〔註 33〕

翁偶虹考量【南梆子】腔調特性以表達薛湘靈複雜情感，例如 1928 年梅蘭芳曾錄製《春秋配》【南梆子】唱片，「問君子因甚事荒郊來停，再問他住羅郡哪裡家門；再問他家和氏尊名上姓，可在庠可在監可有科名；問君子椿宣茂高堂歡慶，啊，兒的娘啊！再問他、再問他閨闈中可訂婚姻。」唱段之中「揉化無痕」插入【哭頭】「啊，兒的娘啊！」運用不同板式唱腔組織形成新腔，梅蘭芳此句哭頭「使高腔如絳雲在霄」，〔註 34〕體現主角姜秋蓮內心思緒的激動跳盪；亦好似另一齣梅派經典《三娘教子》，安排【南梆子】「王春娥聽一言喜從天降，原來是我兒父轉還家鄉」，描述再見丈夫的又驚又喜，將劇情推向高潮。不過程硯秋認為此處薛湘靈改換珠衫之後，尚不明白為何夫人如此作為，只是彷彿回到當年模樣，恍惚如夢之中見到了母親、丈夫與兒子，因此反覆推敲不以歡喜跳躍的【南梆子】，移宮換羽選擇了【二六】唱出失而復得的複雜情感。不過在此之前的「春秋亭避雨贈囊」已經用過同樣板式，該如何避免重複，程硯秋定調將節奏變慢：將乾脆節奏、未帶拖腔的【二六】作為基礎進一步變化，在雙數句帶有拖腔，可說是「變奏的二六」，而更難能可貴高潮還不僅於此，當趙守貞揭曉謎底真相大白之際，薛湘靈一段流水收場：

薛湘靈：這才是人生難預料，不想團圓在今朝。

〔註 33〕翁偶虹：《翁偶虹編劇生涯》，頁 131。
〔註 34〕董維賢：〈梅蘭芳〉，《梅蘭芳藝術評論集》，頁 318。

回首繁華如夢渺，殘生一線付驚濤。
柳暗花明休啼笑，善果心花可自豪。
種福得福如此報，愧我當初贈木桃。

正如程硯秋自己形容的：

我可以隨唱隨做身段，場上的人物也可以隨著我動起來，就在動的場面中，落幕結束，始終控制著觀眾的看戲情緒，避免了一般「團場」的「正是」「念對兒」的平凡形式。〔註35〕

設計薛湘靈唱畢流水帶著臺上人物走幾個圓場，不僅不落於「正是」或「念對兒」的傳統俗套，尤其與趙守貞互相舞動水袖的「三答謝」，筆者對照觀看大陸中生代程派演員張火丁動得更加誇張些，謝幕返場達五六次之多，因此對於程硯秋口中「場上的人物動起來」具有鮮明且直接的體會感受。

翁偶虹新編的《鎖麟囊》，以通俗故事敷演炎涼世態作為基調，主題清楚簡單——善惡到頭終有報，但意義絕不僅止於此，若純以劇本而言，《鎖麟囊》著實超越梅派喜劇，編劇將唱詞念白提升至「情感境界」，〔註36〕寫出人生普遍感慨營造渲染力，整體劇本對於薛湘靈的塑造定位，包含一出場亮相的【四平調】：「怕流水年華春去渺，一樣心情百樣嬌。」聆聽起來悠閒氣氛中卻有著待嫁女兒心的千愁萬緒，嬌柔婉約中卻帶有對於未來的徬徨疑慮，翁偶虹筆下刻畫的薛湘靈敏銳善感，對於妝奩的再三挑剔，乃是感受到依偎親娘美好時光的稍縱即逝，體悟到時間短暫歡聚不能長久，乍看之下所呈現嬌縱無度的形象，其實正是一股惆悵憂慮的深度描寫與具體投射，因此當薛湘靈劫後餘生再見鎖麟囊的悲喜雜揉、百感交集，情節脈絡和情緒轉折俱都明朗合理化；而在程硯秋幽咽婉轉、深邃低迴的唱腔音調，詮釋淺顯易懂卻深情款款的文辭，不僅廣闊道出人生際遇的現實層面，既唱出更深一層體悟百態的哲學境界。在編劇與程硯秋表演兩相輝映之下，此齣新戲已然確立了典範地位。

第二節　創作技法

上節以編演關係角度切入，分別探討梅蘭芳與程硯秋的創作理念，本節欲以「創作技法」作為論析重點，以王安祈〈京劇理論發展史初探〉一文提

〔註35〕翁偶虹：《翁偶虹編劇生涯》，頁130。
〔註36〕葉嘉瑩：《唐宋詞名家論集》（臺北：國文天地雜誌社，1987年），頁76～78。王安祈：《性別、政治與京劇表演文化》，頁93。

出：「唱工（音色、音量、行腔、咬字、氣口、噴口、火候韻味）、做工（身段、工架、武技、眉宇、神情）、唸白、整體風格」，〔註 37〕以上「唱工、做工、唸白、整體風格」之呈現皆與創作技法緊密相關，四大名旦之中以梅蘭芳的創作技法最為全面，一系列的「古裝新戲」蘊藏唐詩宋詞的意境、紅樓小說的詩意，再透過服裝造型與身段設計，帶有古代繪畫的興味，定調整齣戲的文學風格走向；而程硯秋對於胡琴編腔與身段做表的要求使用，在《鎖麟囊》劇中更有明顯的變換設計，「三讓座」更可說是對於舞臺調度的手法，突破了原有的程式規範表演體系，上一節已有詳細論述，本節「創作技法」從舞臺形象談起。

一、舞臺形象的改變

綜觀四大名旦競排新戲，主體自然是演員細膩的表演，而服裝造型之倩麗與身段設計之雅適卻也是相當值得關注的焦點，四位名伶在繼承傳統青衣行當的嚴謹規範中，卻能在這兩方面各創所長、又能不相因襲，尤以確立開展京劇旦行表演風貌之梅蘭芳而言，從 1915 年搬演的「古裝新戲」——有別於傳統京劇旦行頭面服裝扮相，採梳古裝頭、著改良古代仕女服飾開始，以齊如山「載歌載舞」創作技法為本，如處女作《嫦娥奔月》以古畫仕女作為造型參考範本，從古畫中「飛天的舞姿上吸取她飛翔凌空的神態」，〔註 38〕佐以齊如山所言：「添入的身段，都是由書籍圖畫中揣摩出來，並非自己隨意創作的。所以一手一式，都有點理論在裡邊。」〔註 39〕而後劇作如《西施》如圖 7-1 出自於《北洋畫報》1927 年第 81 期，更清楚可見古畫氛圍。

在齊如山等梅黨文士編創的劇本中，最重要的是梅蘭芳參與整體新戲創作，運用化妝扮飾、服裝造型、砌末道具設計多處表演，能從舞臺演出成果來著眼考量，且反覆多次在各處細節上調整潤飾刪修，不僅增加劇中人物的身段做表的可看性，提升整齣新戲豐富的情味，亦可達到凝聚觀眾看客注意力

〔註 37〕王安祈：〈京劇理論發展史初探〉，《為京劇表演體系發聲》，頁 122。

〔註 38〕《舞臺生活四十年》，《梅蘭芳全集》第一卷，頁 213。

〔註 39〕齊如山：「所有我添入的身段，都是由書籍圖畫中揣摩出來，並非自己隨意創作的。所以一手一式，都有點理論在裡邊。我的理論是根據吾國書籍中關於樂舞的記載。內中敘述制度較詳的自然首推正經正史；敘述姿態較詳的，則推漢魏的辭賦和唐詩等；敘述次序較詳的，要推德壽宮舞譜了。」齊如山：〈中國音樂歌舞考〉，《齊如山全集》，頁 3084。

的最佳效果。而梅蘭芳最大突破的反倒是初站穩名伶腳步時所嘗試的「時裝新戲」，身穿時裝演出現代時事題材，梅蘭芳自言「服裝扮相上，是有了現代化的趨勢了」，如《孽海波瀾》是「一般老觀眾聽慣我的老戲，忽然看我時裝打扮，耳目為之一新，多少帶有好奇的成分。」〔註 40〕吳小如先生曾這樣說明梅派劇目，「我們從來沒有在梅先生身上發現任何與京劇內部發展規律相違反的形象與動作」，〔註 41〕這批「時裝新戲」與晚清「戲曲改良運動」和新文化風潮具有一定關係，因此從劇情背景到服裝設計，由劇本內容到演出形式的缺點較為明顯，也正好說明為何這批「時裝新戲」並無法流傳下來的原因。

圖 7-1：梅蘭芳《西施》服裝造型

〔註 40〕《舞臺生活四十年》，《梅蘭芳全集》第一卷，頁 213。

〔註 41〕吳小如：〈我的沈思〉，《吳小如戲曲文錄》（北京：北京大學出版社，1995 年），頁 460。

至於程硯秋與荀慧生兩位名伶的服裝造型與身段設計，則是在傳統上稍做變革以展現自己風格，如程硯秋新戲《荒山淚》在服裝方面首創「女富貴衣」的行頭，衣衫襤褸凸顯深陷走投無路之絕境，程硯秋給觀眾的重點印象一向是唱腔身段，此次運用「女富貴衣」的雕琢設計與象徵意涵，反而加成傳遞了深沈無助的傷痛情感，加重堆疊出劇中主角只能向天祈求的身姿形影。而荀慧生劇照的扮相與服裝設計，筆者翻閱報刊、瀏覽相片後認為：在傳統基礎之上偏向刻意展現女性身體姿態的美感，相對於梅蘭芳的柔媚中顯雍容富麗、程硯秋之嬌羞中展端莊秀雅，荀慧生顯得最為嬌而豔，以其代表劇目《戰宛城》而論，劇評這樣形容劇中鄒氏思春演出：「牡丹秀麗天成，身無俗骨，服素色衣裙，更顯丰采。思春調情之做工，細膩而不傷雅，蓋致力於傳神之道」，另外一則劇評：「妙在雙目皆含春意，思春一段，不在竭力做作，而春意蕩漾，自然流露，足以醉魂攝魄，色藝之動人有如此者。」〔註 42〕梅蘭芳刻意避演輕柔浮蕩的鄒氏，荀慧生能以眉目傳「春意」成為獨具特色，卻又能不刻意矯飾做作，因此成為壓倒儕輩的拿手劇作，荀慧生的整體造型是四大名旦之中最為強調且強化女性形象，身段設計也是著重表現情慾的一面。

而值得一提是荀慧生以表演技法提升其文化形象，如 1926 年新戲《丹青引》取材自李漁《意中緣》，鋪陳「美人名士韻事豔情」，〔註 43〕描述主角楊雲友能書善畫，描摩董其昌畫作頗為神似，楊父將其仿作偽董款變賣，從而引出兩人以畫相識結為連理，筆者聆聽荀慧生於 1929 年錄製的蓓開唱片：「日暮天寒雁唳哀，呵毫自寫素心懷，春風秋月渾無賴，空谷幽蘭為底開。老父難禁催宿債，家貧無計典荊釵，丹青枉藉高名賣，深愧閨中不節才。」更難得可貴的是，荀慧生在這八句委婉慢板中揮毫而就一幅丹青，畫作內容：「濃淡疏密有致，結構佈局也很講究，有山有水，有石有樹，還有一座小小的茅屋，繁而不亂，頗耐尋味。」〔註 44〕筆者翻閱相關資料，如荀慧生赴上海演出前的《申報》介紹：「《丹青引》一劇，為滬上名士楊君艸所編，唱做並繁，莊諧互出，可與《玉堂春》相提並論，……作畫時，大段西皮慢板，有三日繞樑之

〔註 42〕抱一：〈璧合珠聯之《戰宛城》〉，《白牡丹》，《民國京崑史料叢書第九輯：留香集》（北京：學苑出版社根據 1927 年初版影印，2012 年），頁 177。

〔註 43〕荀慧生著、和寶堂編訂：《小留香館日記》（北京：中國戲劇出版社，2016 年），頁 3。

〔註 44〕譚志湘：《荀慧生傳》（石家莊：河北教育出版社，1996 年），頁 189。

妙，姿態婉妙，風雅移情。」〔註 45〕以及荀慧生本人所書寫的《小留香館日記》最為珍貴，1931 年 5 月 29 日日記這樣紀錄：「當場繪畫一場，觀眾彩聲雷動」，〔註 46〕而這點可以從自幼接受梆子訓練的角度切入討論，荀慧生從梆子改行京劇的過程頗受排擠，自言：

> 我學習皮黃之後，當時戲劇界有京朝派、外江派門戶派別之說，那種頑固閉塞、排擠傾軋的作風，不是青年們所能想像的。我勉強之撐了幾年，終敵不過反對勢力的包圍。我只得遠走外地，於滬杭甬嘉等地，迴旋了七年之久。〔註 47〕

對於作為梆子出身的優伶而言，梆子二黃的劇種門戶、京朝派與外江派的派別作風讓荀慧生吃足苦頭，加上歷經悲苦悽慘的成長過程，備受歧視甚至有人這樣批評：「一個唱梆子的怎麼能唱二黃？」〔註 48〕荀慧生從唱唸做表環節兼融京梆之長，弭消了外界不甚公平的門戶偏見，在荀派的表演風格中自然融進梆子特色，除此之外，也因並非出身正統京劇之「梆子情結」備受抨擊打壓，荀慧生出於敏銳清晰的自覺性，喜繪丹青、更藉此昇華新戲風格，啟蒙為山水畫大家胡佩衡，1927 年更拜名師吳昌碩（1844～1927），陸續又向齊白石、傅抱石等名師問業請教，因此首開先例在新戲《丹青引》即席當場作畫，在八句慢板的時間內揮就一幅山水，不僅多一層藝術薰陶、增一分文化底蘊，更足見與其他名旦一爭短長的用心。因此能夠在眾多花旦之中擠身四大名旦，例如同樣由梆子轉皮黃的趙桐珊，1919 年跟隨梅蘭芳遠赴日本演出，自言是「小能派」即「雜角」，「生旦淨丑老旦各行主角戲都演」，如《金山寺》小和尚、《遊園驚夢》老旦、《天女散花》前飾仙女、後扮羅漢等，〔註 49〕各個行當均能應付配搭，但日後發展與名氣聲望則大不如同科班荀慧生，除了如劇評家蘇少卿所言：「芙蓉草，冰雪聰明，唱做念打行行出色，而名不彰，殆亦由於幕中無人歟。」即使芙蓉草聰明穎慧行行擅演，可惜幕後沒有推手為其出謀策劃，也不若荀慧生能逐步展現自身獨特的表演與新戲情味具有直接關係。

〔註 45〕呂弓：〈談荀慧生之新劇丹青引〉，《申報》，1927 年 11 月 24 日第 16 版。
〔註 46〕荀慧生：《小留香館日記》，頁 146。
〔註 47〕荀慧生：〈由衷之言〉，《荀慧生演劇散論》（上海：文藝出版社，1980 年），頁 74。
〔註 48〕荀慧生：〈談演員眼睛的運用及其他〉，《荀慧生演劇散論》，頁 49。
〔註 49〕趙桐珊遺稿、何時希整理：〈芙蓉草（趙桐珊）自傳〉，《京劇談往錄續編》（北京：北京出版社，1988 年），頁 172～173。

二、尚小雲《摩登伽女》的創新

不同於程硯秋與荀慧生植根於傳統京劇的改造微調路線，尚小雲新戲的舞臺美術倒是走出自己的路、但又有別於引領風潮的梅蘭芳，1927 年推出的《摩登伽女》具有尚小雲突破傳統的鮮明創作型態，特別是服裝造型與表演形式，而此戲正是前所提及的「五大名伶新劇票選」得票數最高者，由此，客觀反映了觀眾對於新戲的喜好注目焦點，某種程度而言是流行嚐鮮取向。藉由刊登於《戲劇月刊》第一卷第八期「尚小雲號」之劇照、《世界畫報（北京）》1928 年第 118 期以及《京劇大師尚小雲》所錄照片。

由以下五張照片，便可清楚看出尚小雲的創新與嘗試，其一在於視覺美感的創新，劇本清楚針對主角甫上場的設定：「印度風妙齡女郎家常打扮」，〔註 50〕圖 7-2 容華綽約尚小雲一頭時髦俏麗的捲髮，左鬢以一束綠羽亮麗頭飾作為裝飾，脖子帶著雙排珍珠項鍊，蓮花色貼身長裙上綴琳瑯璀璨花邊，整體展現出輕盈玲瓏體態，卻又珠圍翠繞、華麗不減。〔註 51〕圖 7-3 的裝扮風格又為之一轉，頭帶著一朵偌大毛球陪襯，身著短袖洋裝，裙擺特地滾邊營造蓬度，一層一層類似今日所謂的蛋糕裙，腳穿白色絲襪，足蹬黑色似鑲有水鑽的涼鞋，綺羅華服大費研討，全身行頭更是所費不貲，如此突破傳統嫣妍裝扮與濃烈異國情調，在當時絕對是史無前例、別開生面；其二在於表演方式的嘗試，更是引發話題性，根據筆者翻閱得見三篇觀後文章：

> 無涯：「末場跳舞，佐以五彩電燈，全班西樂，則更如置身廣寒宮中，不復作塵凡之想，堪嘆觀止。」〔註 52〕
>
> 雲舫：「末幕摩登伽女懺悔，小雲素衣淡雅於佛殿中，出彩絲一束，忽為佛劍斬斷，此時，萬縷情絲竟似曇花一現。於是摩登伽女獻舞，小雲御金縷之衣，作『英格蘭女兒』舞，周旋折旋無不中節，殿以旋舞，舞衣成一覆碗狀，而彩聲四起，曲終人散矣。」〔註 53〕
>
> 大公：「The London Girl, Barn-Dance 一幕，獨出心裁，恍臨幻境，雖驚鴻遊龍，猶不足以喻其曼妙焉。」〔註 54〕

〔註 50〕清逸居士：〈《摩登伽女》曲本〉，《戲劇月刊》第 1 卷第 8 期「尚小雲號」。

〔註 51〕服裝描述，參見雲舫：〈紀尚小雲摩登伽女〉，《戲劇月刊》，1929 年第 1 卷第 8 期。

〔註 52〕無涯：〈紀小雲摩登伽女〉，《戲劇月刊》，1929 年第 1 卷第 8 期。

〔註 53〕雲舫：〈紀尚小雲摩登伽女〉，《戲劇月刊》，1929 年第 1 卷第 8 期。

〔註 54〕大公：〈記尚小雲的兩名劇：林四娘與摩登伽女〉，《霞光畫報》，1928 年第 1 卷第 11 期。

圖 7-2：尚小雲《摩登伽女》劇照

圖 7-3：尚小雲《摩登伽女》劇照

這三篇的觀後評論不約而同皆描述了摩登伽女獻舞別出機杼的精彩絕活，筆者翻閱劇本，發現最後附上一個跳舞名詞「The London Girl, Barn-Dance」，表示「英格蘭女兒」樂曲與「穀倉舞」，可見尚小雲不僅顛覆傳統演出形式，翩躚起舞搖盪生姿跳起西洋舞蹈，所搭配的「英格蘭女兒」西洋樂章，更由文明戲創始人之一的朱旭東所設計，〔註 55〕還特地邀請鋼琴家上臺演奏，並請琴師楊寶忠西裝革履登場伴奏小提琴，〔註 56〕整體而言：燈光機關、西樂舞蹈的「異質介入」，別闢蹊徑營造的「異國風情」，可說是「跨界表演」的合作嘗試與思考關照。但誠如書寫《尚小雲評傳》的李伶伶所言：若梅蘭芳是京劇藝術形式的開拓者的話，那尚小雲因《摩登伽女》可以稱得上是形式的跳躍者。〔註 57〕《摩登伽女》的演出形式造成話題，票房極佳但卻毀譽參半，迴響包含：「洪水猛獸」、「此舉離經叛道，毀了自己」、「此劇中不中、西不西、土不土、洋不洋，不成體統」、「此舉大逆不道，肯定要砸」，〔註 58〕上述這些劇評「離經叛道」、「大逆不道」、「不成體統」，其中有個共同點：直指背離了傳統京劇的「道統」，破壞了承襲自清代以來逐步成熟京劇旦行表演體系，當新戲的搬演既不是觀眾所熟悉的演出形式，即使這樣的特殊表演形式並無礙其演出內容，此齣「跨文化」《摩登伽女》反而跟梅蘭芳「時裝新戲」的命運相同，並無法延續搬演代代相傳。爾後尚小雲與編劇還珠樓主合作的武俠劇目，其服裝造型也是十分突出。

第三節　專屬劇目與派別成形

本節欲從演員的編演競爭談起，藉由專屬劇目打造整體風格，也正是由整體風格確立專屬劇目，逐步讓派別成形，特別以梅蘭芳作為流派定型的例子。

一、演員編演競爭到專屬劇目

（一）四大名旦創作成果與代表劇目

筆者先將四大名旦新編劇目製表如下：

〔註 55〕楊忠、張偉品：《京劇大師尚小雲》（陝西：陝西人民出版社，2003 年），頁 35。
〔註 56〕鄧小秋：〈尚小雲與《摩登伽女》〉，《當代戲劇》，2002 年第 4 期，頁 23。
〔註 57〕李伶伶：《清風吹歌　曲繞行雲飛：尚小雲評傳》（上海：上海古籍出版社，2012 年），頁 52。
〔註 58〕李伶伶：《清風吹歌　曲繞行雲飛：尚小雲評傳》，頁 52。

表 7-3：「四大名旦」新戲一覽表

	梅蘭芳（1894～1961）	尚小雲（1900～1976）	程硯秋（1904～1958）	荀慧生（1900～1968）
1914	《孽海波瀾》			
1915	《宦海潮》 《鄧霞姑》 《嫦娥奔月》 《牢獄鴛鴦》			
1916	《黛玉葬花》 《一縷麻》 《千金一笑》			
1917	《木蘭從軍》 《天女散花》			
1918	《童女斬蛇》 《麻姑獻壽》 《紅線盜盒》	《楚漢爭》		
1919				《寶蟾送酒》
1920	《上元夫人》			《賈元春省親》
1922	《霸王別姬》		《龍馬姻緣》 《梨花計》	
1923	《西施》 《洛神》 《廉錦楓》	《蘭蕙奇冤》 《紅綃》	《花舫緣》 《紅拂傳》 《花筵賺》 《鴛鴦塚》 《風流棒》	
1924		《張敞畫眉》 《秦良玉》 《五龍祚》	《孔雀屏》 《賺文娟》 《金鎖記》 《玉獅墜》 《青霜劍》 《碧玉簪》	
1925	《太真外傳》頭本與二本	《林四娘》 《謝小娥》	《聶隱娘》 《文姬歸漢》	
1926	《太真外傳》三本		《沈雲英》	《元宵謎》
1927	《太真外傳》四本 《俊襲人》	《摩登伽女》	《斟情記》 《碌痕記》	《情天冰雪》 《繡襦記》 《香羅帶》 《荀灌娘》

1928	《鳳還巢》 《春燈謎》	《婕妤當熊》 《千金全德》 《玉虎墜》	《梅妃》	《妒婦訣》 《釵頭鳳》
1929		《卓文君》 《珍珠扇》 《峨眉劍》		《柳如是》 《荊釵記》 《庚娘》 《杜十娘》 《魚藻宮》
1930		《詹淑娟》	《柳迎春》	《還珠吟》
1931		《相思寨》 《花蕊夫人》	《荒山淚》 《陳麗卿》 《春閨夢》	《美人一丈青》
1932		《白羅衫》 《前度劉郎》		《紅樓二尤》
1933				《霍小玉》
1934	《生死恨》			《勘玉釧》
1935		《漢明妃》 《龍女牧羊》 《梁紅玉》 《千里駒》	《亡蜀鑒》	《秦娘》
1936		《元夜觀燈》 《綠衣女俠》 《青城十九俠》		
1937		《北國佳人》 《九曲黃河陣》 《九陽鐘》		《晴雯》
1938		《虎乳飛仙傳》		《香菱》
1939				《平兒》
1940			《鎖麟囊》	
1941			《女兒心》	
1949		《墨黛》		
1952			《祝英臺》	
1953		《洪宣嬌》 《峨嵋酒家》		
1956				《卓文君》
1959	《穆桂英掛帥》	《雙陽公主》		

上表新編劇目呈現四大名旦的創作成果，當梅蘭芳走紅之際，後起之秀尚小雲被形容是「梅蘭芳第二」，程硯秋首次赴上海演出被稱為「獨一無二梅派古裝青衣花旦」，徐碧雲亦拜梅蘭芳為師，可見後起之秀俱以梅蘭芳為標竿代表，以之提高和烘托自己名聲；而反過來拔得頭籌的梅蘭芳也深刻瞭解自己必須擺脫追趕，如 1922 年的《霸王別姬》正是根據楊小樓與尚小雲合演的《楚漢爭》改編演出，可謂彼此在新戲展演中成長進步，更可藉由梅蘭芳作為對照來看其他三位後起之秀，以程硯秋而言，初出茅廬之際並未亦步亦趨跟隨梅蘭芳「古裝新戲」編演神話傳說，或是走向嘗試諷世警俗「時裝新戲」路徑，反而與之路線截然分道，在題材選擇方面，取材皆有所本，改崑曲劇本為京劇，如《玉鏡臺》出脫於明朝范文若《花筵賺》傳奇，《風流棒》由清代萬樹《風流棒》傳奇翻成，《花舫緣》譜唐伯虎與申飛雲的故事，與明人孟稱舜《花前一笑》雜劇、卓人月重編為《唐伯虎千金花舫緣》雜劇相仿，〔註 59〕「是劇情節曲折，奇趣橫生，程豔秋飾申飛雲，嬌憨豔麗，悉臻其妙，撲蝶之身段靈敏，花園之對答機警，尤為是劇極精彩處。」〔註 60〕引用以青衣、花旦、刀馬三門抱演員李玉茹（1923～2008）現場看戲心得：「他（程硯秋）演秋香，穿裙襖，小坎肩，繫腰巾子，真是婀娜多姿，非常秀氣而又脫俗。當秋香在畫舫中，看到唐伯虎目不轉睛地看著她，她一回眸，似嗔、似羞、似笑，垂頭迅速轉身而下，把一個高門貴府中得寵的、天真無邪的侍女表現得淋漓盡致，既含蓄、又嫵媚，恰如其分。」〔註 61〕又如《玉獅墜》（一名《小天台》），寫綠林豪客之女吳幻娘與秀才錢琮的故事，取材於清代張堅《玉燕堂四種曲》，「此劇以山寨對談，及洞房互易為最有風趣，程豔秋飾吳幻娘，唱做念打色色精奇，是為豔情武俠之佳劇。」〔註 62〕由以上這些新戲可看出：羅癭公新編劇作劇情曲折，劇本題材多為刻畫才子佳人之悲歡離合，以突出程硯秋的唱唸做打，尤其身段做工偏多以抓住觀眾目光，而程硯秋年僅十八九歲且身材細長纖瘦，佐以清新脫俗的扮相，搬演兩情相悅的

〔註 59〕朱穎輝輯校：《孟稱舜集》（北京：中華書局，2005 年），頁 21～44。卓人月認為孟稱舜的《花前一笑》「易奴為傭書，易婢為養女」，「反失英雄本色」，於是「戲為改正」另作《花舫緣》，頁 8。

〔註 60〕《霜傑集》之〈詠玉篇〉，《中華歷史人物別傳集》第 89 冊（北京：線裝書局，2003 年），頁 557。

〔註 61〕李玉茹：〈於細微處見風格〉，收入中國戲曲家協會北京分會、程派藝術研究小組：《秋聲集：程派藝術研究專集》（北京：北京出版社，1983 年），頁 122。

〔註 62〕《霜傑集》，《中華歷史人物別傳集》第 89 冊，頁 561。

喜劇更顯明媚閑雅，可以看出程硯秋不只擅演悲苦人物，人物類型也不限於後來程派定型的悲劇角色。

同樣的，荀慧生也能夠搬演以「唱工」為主的人物，不純以唸白身段塑造人物，且綜觀持續多年一路為荀慧生量身打造的編劇陳墨香，編創新戲題材「得險於平」，「多表演民間生活，對於平民之愛情悲情」，〔註 63〕且善於掌握運用荀慧生柔和婉轉之唱腔藝術，一方面「注重情節」，以「情節豐厚、情感充沛」量身定做編寫屬於荀派的女性劇中人，編演模式由陳墨香的「打本子」到荀慧生「碎修劇本」——「將劇本中的一些情節、場面、臺詞做些修改，使之合乎情理，更能適合演員的表演，發揮演員的特點。」〔註 64〕例如針對 1928 年《釵頭鳳》最後「永訣」一場，陳墨香原本設計唐蕙仙使用許多譴責陸游的詞句，但荀慧生認為此刻「氣似游絲飄欲斷」奄奄一息的唐蕙仙，對於陸游應是體貼思戀，因此最後定稿如怨如慕、如泣如訴：「勸郎君且把那愁懷排遣，我與你原不是美滿姻緣，切不可兒女情長英雄氣短，須念你陸門中數代單傳，高堂上老娘親盼你榮顯，又盼你早生兒宗嗣綿延。奴是個薄命人休得眷戀，願郎君聽奴言續鯤弦、夫唱婦隨、死也心甘、瞑目九泉。」無論是陳墨香最初設定的嚴斥厲責，或是荀慧生修改後的隱脂粉啼痕於顧全大局，寓滿腔深情於深明大義，皆是顧及劇本情節與搬上舞臺的美學觀點，亦正是荀慧生所言：「一旦排戲，先使劇本『情通理順』，進而自己深入揣摩戲情戲理；熟悉腳色的經歷、思想、性格、容貌、氣質和感情的發展，並根據腳色的需要，將個人平時觀察體驗所得，融會貫通，與之交流神契，然後運用藝術技巧，把腳色盡可能恰當地、細膩地表現出來。」〔註 65〕兩人合作的作品多有完整緊湊劇情，劇中人物的情緒起伏明顯，深入挖掘並創造不同面向的女性。

而尚小雲堪稱最為特殊，與武俠小說作家還珠樓主合作，1927 年之後的新戲，一方面延續《秦良玉》《林四娘》一系列的巾幗英雄，如 1935 年《梁紅玉》根據傳統折子戲〈戰金山〉整理改編，搬演好俠尚義足智多謀梁紅玉，偕同夫婿韓世忠奮勇禦敵決戰金山、臨危不懼終退金兵，筆者聆聽觀賞

〔註 63〕怡翁：〈荀慧生之面面觀〉，《戲劇月刊》，1931 年第 3 卷第 8 期。

〔註 64〕荀慧生：〈編劇瑣談〉，《荀慧生演劇散論》，頁 240。原刊於 1959 年 7 月號《劇本》。

〔註 65〕荀慧生：〈前言〉，《荀慧生演劇散論》，頁 1。

孫明珠根據尚小雲 1954 年實況演出錄音配像，當梁紅玉桴鼓親操的片段，鼓聲渾厚響亮彰顯雄壯攻伐氣勢，更可聽見昔日觀賞演出觀眾的拍手讚賞聲音；另一方面，則有還珠樓主的加入，還珠樓主不同於四大名旦專屬編劇之處，在於他不僅止學富五車、腹笥寬廣之外，最為特殊是其武俠小說職業作家身份，最為人所熟知的代表作品《蜀山劍俠傳》，具有「武俠小說聖手」的封號，因此當尚小雲經過清逸居士的襄助，初步塑成俠女英雌的形象，還珠樓主跨領域加入編劇，更可說是奠定尚小雲特殊俠義風格色彩，兩人自 1935 年開始合作，該年年底 12 月 24 日推出以根據明末傳奇改編《千里駒》（又名《黃衫客》），陸續推出《綠衣女俠》、《青城十九俠》、《九曲黃河陣》、《虎乳飛仙傳》等新戲，其中的《青城十九俠》便是以其連載同名小說改編而成，〔註 66〕該部小說質量俱重包羅萬象，篇幅極大多達 360 萬字，還珠樓主跨越小說與戲曲體裁上的限制與差異，擷取精華在有限的時間內，將神馳八極、氣勢恢弘的仙魔長篇鉅製改編成為京劇劇本，創造出錯綜複雜、奇幻絕倫的劇情，這齣戲首演於 1936 年 10 月 22 日北京華樂戲院，尚小雲飾演身懷絕技的主角呂靈姑，試看首赴上海演出的《申報》1937 年 6 月 14 日第 18 版廣告：

圖 7-4：《青城十九俠》廣告

〔註 66〕臺灣大鵬劇團公演曾搬演此齣希罕劇目，由出身「榮春社」趙榮來主排，郭小莊飾演劇中主角。包緝庭：〈初見青城十九俠〉，《大華晚報》，1974 年 6 月 12 日。

該廣告除了宣傳嶄新布景設計，包含最富詩意的雪屋茅亭，奇峰突屼的深邃山景，絕險懸崖的白猿搏鬥，〔註 67〕林木森天的猛虎嘯傲，甚至出現這樣的警告標語：「全劇恐怖異常」、「五歲以下幼童請勿攜帶以免受驚！」〔註 68〕固然是招徠觀眾的宣傳手法，但足以想見噱頭十足。在與還珠樓主合作期間，尚小雲以一己之力自費創辦「榮春社」，自 1937 年至 1948 年十年期間辦學培育「榮」、「春」、「長」、「喜」四科學員，〔註 69〕搬演的新戲數量極多，由《榮春社紀念刊》可窺探一二：

> 本社特排新劇驚人預告，上寫本社所排全部名劇。戲，別開生面、奧妙無窮。預告的劇目是劍俠神秘偉大名劇《崔猛》、《十龍探海島》、《五鬼一條龍》〔註 70〕、一至八本《太平天國》、上古服裝節孝佳劇《娥皇女英》、八本《目蓮僧救母》帶游地獄、全部《蜀山奇俠傳》、飛仙劍俠奇情偉劇《蠻荒俠隱》、大賢大孝偉大名劇《大舜耕田》。〔註 71〕

以上所列的劇目，可見編排新戲不遺餘力，而多數戲碼以神秘、飛仙、劍俠攫獲觀眾目光，風格基本上延續尚小雲個人偏好，《申報》便出現這樣的評論：

> 尚小雲率榮春社全體童伶，在中國大戲院演短期，尚之新劇如青城十九俠、九陽鐘、虎乳飛仙傳等，已絕第出演，頗有海派戲火燒紅蓮寺西遊記作風，備受識者非議。〔註 72〕
>
> 惜時排「青城十九俠」類之神怪及燈彩劇，殊不足取；否則不難與富社及戲校鼎足而立。〔註 73〕

〔註 67〕劇中的小猴還是榮春社的學員來扮演，兒子尚長春也曾加入扮演白猿。參見〈尚小雲青城十九俠〉，《立言畫刊》，1938 年第 12 期、《立言畫刊》，1940 年第 86 期。

〔註 68〕《戲劇週報》第 1 卷第 4 期汪菊公專欄：「名旦尚小雲，近將還珠樓主之《青城十九俠》小說，編成本戲訂於廿二日在華樂戲院第一次公演，並通告五歲以下幼童，請勿攜帶以為宣傳，藉資號召，屆時定有一番盛況。」

〔註 69〕孫維勤：〈榮春社參觀記〉，《戲劇月刊》第 2 卷第 11 期。

〔註 70〕又名《劍峰山》。本事見《彭公案》續集第五至十七回。1949 年前榮春社取劇中有焦家五鬼事，改名《五鬼一條龍》，以表演七節鞭相號召。參見王森然：《中國劇目辭典》（石家莊：河北教育出版社，1997 年），頁 883。

〔註 71〕尚長春：〈尚小雲與榮春社〉，《京劇談往錄續編》，頁 19。

〔註 72〕睦睦：〈沽上菊訊〉，《申報》，1938 年 12 月 26 日第 16 版。

〔註 73〕語初：〈故都三大科班近事紀〉，《申報》，1940 年 11 月 13 日第 12 版。

由此可見《青城十九俠》一類神怪色彩濃烈的新編劇目，〔註74〕強調火熾熱鬧、節奏緊湊，著重燈彩設計以增光耀目，增加布景機關以標奇立異，高度重視舞臺美術，頗有「京派新戲」而趨向「海派新戲」的作風，〔註75〕打造創新獨特的觀賞美學，正如尚小雲自言：

> 我雖列「四大名旦」，但與其他三位相比，尚有一定差距。我們幾個臺下是朋友，臺上是對手，誰也不甘落後。我從長期的演出中悟出一條道理：任何藝術，要發展，就得創新；要競爭，就得獨具一格，有自己的「絕活兒」，沒有創新，沒有鮮明個性特徵的藝術，很難存在和發展。〔註76〕

儘管外界整體評價不高，〔註77〕似乎捨本逐末，僅限於提供觀眾感官層次的饗宴，但不可否認的是尚小雲對於新戲題材的大膽嘗試與創新發展，有意識塑造俠義女性形象，與其人格特質緊扣吻合，更跳脫北京原生京劇的編排製作與表演方式，在四大名旦之中獨樹一幟。但這些新編專屬劇目絕大部分並未傳承下來、廣延持續，反而在老戲《昭君出塞》與《失子驚瘋》當中擷取新意，建立了個人表演風格。

（二）四大名旦個人特質到派別成形

綜觀四人的一路崛起發展過程，從「同源異流」問師王瑤卿至「自成一派」開創特色，密切積極與文人雅士接觸合力創作醞釀，映現在雲興霞蔚的「新戲編演」，筆者根據《中國京劇史》所列補充整理：〔註78〕

〔註74〕擷取《封神演義》小說之《九曲黃河陣》，「設計完全仿效海派，內容完全取材封神，滿臺神怪、法寶、頭上生角、帽上裝置電燈。」涪皤：〈從「九曲黃河陣」說到現在的戲劇〉，《北平劇世界月刊》，1937年第2期。

〔註75〕徐筱汀：〈京派新戲和海派新戲的分析〉，《戲劇月刊》，1929年第1卷第3期。

〔註76〕陝西政協及河北南宮市政協文史料委員會編：《京劇藝術大師尚小雲》（陝西：陝西人民出版社，1990年），頁29。

〔註77〕尚長春談父親「尚派戲的特點」時指出：「在父親演過的劇目中，有著一個極大的特點，這就是本戲有百餘齣之多。對於這一點，過去的報刊上有捧的，也有罵的。罵者說，他沒有一齣「正兒八經」的傳統戲。實際上，父親傳統戲的基礎相當好，演傳統戲質量也高。但父親非常懂得，如果僅僅演傳統戲，甚至因循守舊，沒有自己的創造，就不能獨樹一幟、有自己的特色。」尚長春：〈尚小雲與榮春社〉，《京劇談往錄續編》（北京：北京出版社，1988年），頁11～12。

〔註78〕馬少波等主編，北京市藝術研究所、上海藝術研究所組織編著：《中國京劇史》（北京：中國戲劇出版社，1999年），中卷，頁81。

表 7-4：「四大名旦」競戲一覽表

演員劇目	梅蘭芳	程硯秋	尚小雲	荀慧生
四紅	1918《紅線盜盒》	1923《紅拂傳》	1923《紅綃》	1936《紅娘》
四妃	1925《貴妃醉酒》	1928《梅妃》	1935《漢明妃》	1929《魚藻宮》
四劍	1928《宇宙鋒》	1924《青霜劍》	1929《峨嵋劍》	1932《鴛鴦劍》
四反串	1917《木蘭從軍》	1925《聶隱娘》	1929《珍珠扇》	1927《荀灌娘》

「四紅」、「四妃」、「四劍」、「四反串」之類同與差異，可見四位名伶有意識的競爭較勁：編演交會、新戲交鋒，各有側重而體現不同時期的表演藝術，並且各以其優點爭取觀眾，但全面省視卻又是彼此交互對應，無不別出機杼力求突破，這皆源自於民國初年當梅蘭芳邀請文人編劇蔚為風氣，立刻被模仿學習，其他旦角演員也相繼與文人合作，並由文人策劃安排打造。回顧當時整體劇壇創編氣氛之濃厚，程硯秋日後 1931 年〈檢閱我自己〉文章中亦直言：

> 近十年來演戲的趨勢，和十年以前不相同了。以前，劇本是原來公有的，大家因襲師承去演唱，很少有「本店自造」的私有劇本，不能掛「只此一家」的獨佔招牌。近十年來可不是這樣了，只要是爭得著大軸的主角的人，便有他個人的劇本。〔註 79〕

原來傳統戲曲的劇本多是師徒相傳，唱腔一板一眼、一吟一嘆，表演一起一落、一顧一盼，均需恪守旦行青衣章法體製，而梅蘭芳「規矩嚴謹而不墨守成規」變革之下，〔註 80〕開啟「古裝新戲」與「時裝新戲」的突破嘗試，尤其 1920～1930 十年期間演戲趨勢儼然改變，若要在京劇舞台上爭得一席之地，演員必得有「本店自造」的專屬劇本，才能吸引觀眾戲迷的目光，儘管並非是同一時間的「打對臺」劇作，但仍可看出演員彼此之間有意識的競爭，以「紅字戲」為例，題材方面同為唐人傳奇小說，在梅蘭芳古裝新戲《紅線盜盒》御風拂塵、舞弄單劍之後，程硯秋《紅拂傳》之唱做並重、文武兼備毫不遜色，紅拂女上場的【二黃慢板】：「在相府每日裡承歡仕宴，也不過與眾女鬥寵爭妍；雖然是相府中常承恩眷，辜負了紅拂女錦瑟華年；對春光不由人芳心撩亂，想起了紅顏老更有誰憐。」筆者聆聽的是 1928 年勝利公司唱片，

〔註 79〕程硯秋：〈檢閱我自己〉，程硯秋著、程永江編、鈕葆校勘：《程硯秋戲劇文集》，頁 3。

〔註 80〕徐蘭沅：《徐蘭沅操琴生活》冊二（北京：中國戲劇出版社，1998 年），頁 183。

慢板之拖腔一波三折中委婉低迴，尤其是第五句撩亂之「亂」字使了長拖腔，紅拂孤芳自賞感嘆愁緒更添幾分。表演方面，前有侍宴時「紅拂塵舞」、中有與李靖私奔遠行的「馬趟子」、後有拜別虬髯客的「雙劍舞」，〔註 81〕情緒由強顏歡笑、欣喜雀躍、到由衷感激。引用 1945 年立雪程門的王吟秋（1925～2001）〔註 82〕所言：「平日程師為我說戲，照例先教唱、唸，然後教身段、表情；教《紅拂傳》時卻破例子，先教劍舞，再教其它」，足見末場劍舞之重要功法，這段載歌載舞之【南梆子】（1938 年國樂唱片）：「在筵前雙手兒分開兩劍，好一似雙飛燕戲舞堦前，既不是化龍形空中百變，又不是白猿女道法仙傳，也不是留仙裙回風自轉，也不是漢宮中人柳三眠。多感他張三兄深恩不淺，這一別再相逢不知何年？」〔註 83〕程硯秋「把太極劍和武術中的劍術套路的一些動作與京劇旦角的劍舞熔冶於一爐」，採用：「鳳凰展翅」、「白蛇吐信」、「進步刺」、「大蟒翻身」、「蜻蜓點水」、「枯樹盤根」等劍勢，〔註 84〕飄逸瀟灑中外秀內剛、翩翩起舞中舒展自如，而後接續【夜深沉】劍舞，更運用了「懷中抱月、順風擺柳」身段動作，這段設計不得不聯想到梅蘭芳代表劇目《霸王別姬》的舞劍，恰正如詩人樊樊山所言：「梅郎娟娟虞美人，程郎英英紅拂傳」，〔註 85〕曾經於五十年代初看過《紅拂傳》的吳小如，也有同樣的類似評論：

> 以劇情論，風塵三俠的話當然不如項羽虞姬的生離死別容易感人，但這一次程先生的表演，邊舞劍邊唱南梆子，其依依惜別之情真催人淚下。及至唱到末句散板「這一別再相逢不知何年」時，我簡直情不自禁地汪然出涕了。因知演出效果之感人至深，初不僅取決於情節之有悲歡離合，而關鍵仍在於演員的表演藝術之精湛深刻。〔註 86〕

此段點出了劇本劇情與表演藝術一體兩面之重要性，劇本當具備引人入

〔註 81〕胡金兆：《程硯秋》（長沙：湖南文藝出版社，1987 年），頁 41。

〔註 82〕王吟秋 1945 年經王瑤卿引薦拜師程硯秋門下，入室身旁如同己出，得程硯秋之悉心傳授。

〔註 83〕《程硯秋演出劇本選集》，頁 36。王吟秋：〈「美人巨眼識窮途」——憶程師教我學《紅拂》〉，收入中國戲曲家協會北京分會、程派藝術研究小組：《秋聲集：程派藝術研究專集》（北京：北京出版社，1983 年），頁 88～94。

〔註 84〕王吟秋：〈「美人巨眼識窮途」——憶程師教我學《紅拂》〉，《秋聲集》，頁 93。

〔註 85〕《霜傑集》，《中華歷史人物別傳集》第 89 冊，頁 512。

〔註 86〕吳小如：〈三看程硯秋《紅拂傳》〉，《吳小如戲曲文錄》（北京：北京大學出版社，1995 年），頁 681。

勝的情節，演員更需要依照劇中人物腳色在唱念做上發揮，從劇情而論，梅蘭芳《霸王別姬》散發的是深沉凝重的氣氛，梟雄項羽末路悲歌中，虞姬舞劍寬慰君王，和「賤妾何聊生」努力振作精神的虞姬相較之下，程硯秋飾演的紅拂女英氣勃發，著重在於紅拂自我的抉擇與追求，沒有絲毫悲情，反而是滿載興奮情緒；從表演而言，不偏不倚均採用【夜深沉】曲牌伴奏，根據齊如山的說法，是他大致改動了羅癭公的本子，替程硯秋安插了一場劍舞場子，如此看來程硯秋的紅拂舞劍身段與曲牌音樂配合，可說是齊如山以「歌舞並重」打造梅派的一貫風格延伸。梅蘭芳自言這套舞劍融合太極拳、太擊劍，以及《群英會》的舞劍和《賣馬》的耍鐧，程硯秋亦是兼融太極與旦角表演，筆者對比觀看梅蘭芳與王吟秋劍舞表演片段（程硯秋僅留下《荒山淚》影片資料），則呈現「同曲異工」之妙，同樣在藝術技巧上點染太極以成己用、援引武術以成己有，但梅蘭芳的表演乾淨俐落、行雲流水裡圓滑中正、圓轉自如，相較之下，程派舞劍落落大方、雍容穩健中稜角分明、矯健勁捷，舞動起來具有特殊立體美感，若以古典詩相提並論，便好比江西詩派呈現的「奇崛瘦硬」風格，更如同金人元好問評論江西詩派：「奇外無奇更出奇，一波才動萬波隨」，梅蘭芳堪稱已達旦行表演難以逾越的高度境界，而程硯秋不走「擬梅」、「仿梅」道路，健步開拓程派獨特表演風格。因此在早期一連串才子佳人詠歎悲歡離合劇目當中，唱做並重、文武兼具的《紅拂傳》，在新穎唱腔與別緻劍舞的結合之下，呈現不同的情味高度，因而成功傳遞延續下來。

另一方面可見荀慧生之「另闢蹊徑」，荀派並非沒有所謂的宮廷戲，特以漢高祖寵妾戚姬為題材，1929 年的《魚藻宮》描述的是呂后臨朝時將戚姬囚困宮中、改名人彘，戚姬與兒子趙王最終慘死。荀慧生於 1961 年曾說「四妃」：

> 演員都希望演一些適合本身條件的戲，比如梅先生演出《貴妃醉酒》、程先生和尚先生編了《梅妃》和《漢明妃》，我自己則有《魚藻宮》，同是宮廷戲，而從不同角度去取材，用不同的方法創作，表演上則各就本身特點去演，因此上觀眾看到的是四個不同風格的戲。〔註 87〕

在題材上同樣是蟓首蛾眉宮廷嬪妃，梅蘭芳展現的是楊貴妃的雍容華

〔註 87〕荀慧生：〈膽大心細——談整理老戲和豐富上演劇目〉，《荀慧生演劇散論》，頁 246。

貴，程硯秋選擇刻畫梅妃的冷若冰霜，尚小雲則是著重表現昭君出塞的剛烈堅貞，可見其審美自覺與表演特質相互輝映，而陳墨香在時移事變的宮闈流轉背景框架下，特別選擇了悲劇人物戚姬作為主角，整齣戲的氣氛是肅穆凝重，他指出：「荀唱做之繁重，妝飾之新奇，猶其次耳，末場戚姬滿頭髮髻，不似他劇之止於髻上留縷，扮相亦新奇云。」〔註 88〕除了新奇扮相之外，戚姬臨死前所唱「耳聽得法鼓響，嬌怯怯的人兒付虎狼！」十二句【反西皮散板】，以「連唱帶哭」手法表現字字血、聲聲淚之涕淚交迸，掌握氣息的伸縮收放，加強情緒的感染揮灑，當時劇評家便在報章上發表「看斬戚姬須多帶幾方手帕」。〔註 89〕以上「注重情節」與「另闢蹊徑」的編演特質，不僅構成了完整架構且合情合理的劇情，不再只是單純的寫一段心境、描一股意境，而人物主角選擇詮釋，更見於荀慧生認為「鑑於歷來演紅樓故事者，皆以寶玉、黛玉為題材，因想另闢蹊徑，專演尤氏兩姊妹。」〔註 90〕1932 年的《紅樓二尤》正體現了荀派向非主流形象挑戰的嘗試企圖。

因此自陳德霖時代的恪守分工、不得兼演，到王瑤卿開創花衫，四大名旦的新編劇目競演新戲，更進一步造成旦行腳色本身之孳乳與細部分化之完成：

梅蘭芳：青衣、花衫、兼擅刀馬旦

尚小雲：刀馬旦、武旦、青衣

程硯秋：早期青衣兼花衫，後以青衣為主

荀慧生：花旦、花衫

總結編演模式在演員發展歷程中具有重要意義，第一層，旦行創作型態鮮明，相對而言，老生流派的唱腔被奉為圭臬，但並未涉及創編新戲。以王安祈《性別、政治與京劇表演文化》指出：京劇創作分為「編、導、演」三個主要層面，京劇演出的創作者，起先以演員為核心，編劇的位置要到當代，一九四九年以降，才漸次提升，導演一職則在一九九〇年以後越趨重要。〔註 91〕京劇演出本以演員為中心，掛頭牌的老生前三鼎甲初步建立京劇表演系統，後三鼎甲繼承固有的唱唸做打，尤以伶界大王譚鑫培在前三鼎甲之基礎上精煉表演、改變唱腔風格，對於原有的劇本進行整理精修，或刪節、

〔註 88〕墨香：〈魚藻宮之大義〉，《中華畫報》，1932 年第 2 卷第 185 期。
〔註 89〕紅葉：〈荀慧生最擅表情〉，《立言畫刊》，1938 年第 7 期。
〔註 90〕荀慧生：《荀慧生演出劇本選》（上海：文藝出版社，1982 年 2 月版），頁 347。
〔註 91〕王安祈：〈自序〉，《性別、政治與京劇表演文化》，頁 i。

或潤飾，突出表演重點；唱詞亦略做修編，以利演唱發揮。但譚鑫培並未邀請劇作家專門為他新編劇本，譚派的演出都是以現有的傳統民間劇本為表演之載體，乃至於在譚派之後的老生演員，由余叔岩繼承、開展，乃至於自成一家形成之「余派」，〔註 92〕一脈相承的譚余是老生最重要、影響最大的流派代表，卻都沒有邀請文人劇作家專門打造新戲，採用的皆是清代中末葉起自民間的傳統京劇老戲劇本。面對相同的劇本唱詞，以及同樣的唱腔板式旋律，兩人卻可憑藉不同的嗓音音色與用嗓行腔技巧，在咬字、發聲、歸韻、氣口等方面各自琢磨，提煉出不同的韻味與演唱風格，進而形成譚、余的老生流派。相對的，旦行由配戲附庸生角、到與其專屬編劇合作，最終能獨當一面；第二層，文人的加入改變京劇質性，源起於民間的京劇通俗淳厚，劇本文辭樸實無華，敘事邏輯亦未必清晰可尋，文人的參與不僅只提供演員發揮唱唸做打表演藝術，更積極以文學筆法打造劇中人物，以編劇技法精緻劇本美學，和舊有劇本截然不同，使得京劇質性產生變化，更重要的是導致京劇整體文士化，從唱腔藝術發揮無遺、劇本題材修潤雕琢、以及整體表演風格改造提煉，藉由「個人專屬代表劇目」逐步構築獨一無二的劇中人物形象，而對峙競爭的結果是四方互贏：京劇旦行由逐漸站穩劇壇而終至取代老生，使京劇由「老生掛頭牌」明確轉為「旦行掛頭牌」的局面。

二、流派定型：以梅派《穆桂英掛帥》為例

梅蘭芳在 1934 年推出《生死恨》至 1959 年之間，並沒有任何新戲上演，歷經抗日戰爭蓄鬚明志，長期拒演、避難滬上，1945 年終於重登氍毹，再次吊嗓練唱積極準備，自言彷彿是重溫了昔日科班登臺既害怕又喜悅的場景，〔註 93〕八年空白不僅換來了「八載留鬚罷歌舞，堅貞幾輩出伶官，輕裘典去休相慮，傲骨從來耐歲寒」的詩讚佳評，恢復演出更造成空前轟動的盛況，至 1948 年更拍攝了第一部彩色電影片《生死恨》，由費穆擔任導演之職，考量此齣是九一八事變後所編演，更具有時空背景的特殊意義，看似一切演出

〔註 92〕余叔岩將老生表演藝術提高至新的高峰，在三十年代以後凡唱老生者大多以余派奉為規範。參見蘇移：《京劇二百年概觀》（北京：北京燕山出版社，1989 年），頁 233。余派形成的時間較梅派稍晚，但因譚余一脈相承，故而本論文將余派放置於譚派之後一併論述。

〔註 93〕梅蘭芳：〈登臺雜感〉，原載於《文匯報》，1945 年 10 月 10 日，《梅蘭芳戲劇散論》，收入於《梅蘭芳全集》第三卷，頁 1～3。

都恢復正軌，但1949年梅蘭芳提出「移步不換形」的京劇改革主張，〔註94〕卻遭受不小的批判與攻擊，自此噤聲不談戲曲表演藝術的改良見解，事隔十年後，1959年加入了共產黨，亦適逢中共建國十週年，經過他自己的考量選擇，決定推出移植豫劇的《穆桂英掛帥》，由陸靜岩、袁韻宜擔任編劇，鄭亦秋擔任導演。

梅蘭芳與豫劇《穆桂英掛帥》的淵源，乃是起自1953年在上海觀賞了名旦馬金鳳（1922～）的《穆桂英掛帥》，〔註95〕甚至一連看了四場演出，最後還特意邀請馬金鳳詳談劇情，之後於1958年在北京再度觀看，可見得梅蘭芳是打從心底由衷喜歡這齣劇目，編劇之一的袁韻宜也指出梅蘭芳提出以豫劇改京劇，「感覺這個戲表現了穆桂英晚年生活，適合自己演；還說：因這個人物大義凜然的民族氣節和自己產生了共鳴，況自己早年常演穆桂英青年時代的戲，對這個人物熟悉、有感情。」〔註96〕因此取代原先籌備由范鈞宏和呂瑞明編寫之《龍女牧羊》，成為慶賀獻禮表演節目。梅蘭芳在〈我怎樣排演《穆桂英掛帥》〉文章中自言：

> 我既熟悉穆桂英的人物性格，按說這次排演過程中，應該是駕輕就熟，毫不費力了；可是，實際上事情並不這樣簡單。過去我只是以刀馬旦的姿態塑造了她的青年形象，而這齣戲裡的穆桂英卻是從一個飽經憂患、退隱閑居的家庭婦女，一變而為統帥三軍的大元帥，由思想消極而轉到行動積極。從她半百年齡和抑鬱心情來講，在未掛帥以前，應該先以青衣姿態出現。像這樣扮演身兼兩種截然不同行當的腳色，我還是初次嘗試。〔註97〕

《穆桂英掛帥》描述的是佘太君帶領楊家辭朝返鄉，聽聞西夏番王造反侵宋，令曾孫楊文廣和金花赴京打探消息，時值校場比武選將，文廣施展武藝刀劈王倫，宋王得知其為楊家後代，便親賜帥印命穆桂英掛帥出征。而京劇版和豫劇版著重的高潮完全殊異，豫劇的重點為最後一場披掛出征的豪情

〔註94〕張頌甲：〈移步不換形——梅蘭芳談舊劇改革〉，《進步日報》，1949年11月3日。張頌甲：〈四十年前的一樁戲劇公案〉，《戲劇報》，1988年5月。

〔註95〕2014年7月臺北電影資料館和中國電影資料館合作主辦：「銀燈影戲耀紅氍」影展，馬金鳳豫劇《穆桂英掛帥》便是其中一齣。

〔註96〕袁韻宜：〈京劇《穆桂英掛帥》誕生始末〉，《中國京劇》，2000年第5期，頁45。

〔註97〕〈我怎樣排演《穆桂英掛帥》〉，《梅蘭芳戲劇散論》，收入於《梅蘭芳全集》第三卷，頁90。

不滅、愛國情操，重上戰場的壯氣昂揚，一大段的「轅門外那三聲炮如同雷震，天波府裡走出來我保國臣」，自穆柯寨、天門陣到大破洪州，〔註 98〕如同劉彥君所指出：「豫劇《穆桂英掛帥》以氣勢取勝，主演馬金鳳在以前的場次中，逐漸積蓄力量，一直到最後『出征』一場才全部噴發出來。連續幾個大段大段的唱腔，將穆桂英的萬端感慨，淋漓盡致地發洩了出來。」〔註 99〕而梅蘭芳的重點精華則擺在披掛之前的〈捧印〉，接與不接之間的猶豫徬徨、左右為難，一段【西皮二六】：

> 非是我臨國難袖手不問，見帥印又勾起多少前情。
>
> 楊家將捨身忘家把社稷定，凱歌還人受恩寵我添新墳；
>
> 慶昇平朝堂裡群小爭進，烽煙起卻又把元帥印送到楊門。
>
> 宋王爺平日裡寵信奸佞，桂英我多年來早已寒心；
>
> 誓不為宋天子領兵上陣，今日裡掛帥出征叫他另選能人。

穆桂英面對帥印睹物傷情，甚至一度要綁子上殿、歸還印信，自然憶起當年辭朝解甲、歸隱山林的萬千感慨，楊家代代馳騁沙場安邦保國，換來卻是「人受恩寵、我添新墳」的莫可奈何。佘太君聽出桂英對當朝的怨懟埋怨，勸誡以黎民蒼生為念，加上文廣金花已然茁壯長成，一而再地對答激勵孫媳婦重披征袍再上戰場。而當穆桂英決定改換戎裝重新掛帥時，所唱【西皮散板】有所調整，以下根據舊詞——許姬傳的回憶文章，〔註 100〕對照定稿——梅蘭芳演出唱詞：

表 7-5：《穆桂英掛帥》唱詞更動對照表

【西皮散板】唱詞調動	
舊　詞	定　稿
二十年拋甲冑寶劍生塵， 一旦間配鞍馬再度出征。 為宋王我本當納還帥印， 怎當那老太君慈訓諄諄。 一家人聞邊報爭先上陣， 穆桂英豈無有為國為民一片忠心！	一家人聞邊報雄心振奮， 穆桂英為保國再度出征。 二十年拋甲冑未臨戰陣—— （「九錘半」，身段介） 難道我就無有為國為民一片忠心！

〔註 98〕馬金鳳、宋詞整理：《穆桂英掛帥》（北京：中國戲劇出版社，1959 年），頁 21～27。

〔註 99〕劉彥君：《梅蘭芳傳》（石家莊：河北教育出版社，1996 年），頁 433。

〔註 100〕許姬傳：〈梅蘭芳對編劇的一些看法〉，《憶藝術大師梅蘭芳》（北京：中國戲劇出版社，1986 年），頁 74。

梅蘭芳明晰的觀察到：穆桂英從自我矛盾不願出征轉變到抖擻精神的情緒變化過於快速，製造的舞臺氣氛稍嫌不夠飽滿，如何方能呈現複雜的思慮轉折呢？梅蘭芳考量增加獨白或唱段都不適合，琢磨再三採用了武生鑼鼓經中的「九錘半」，時而強烈、時而陰微的鑼聲節奏，創作出單純以舞蹈身段表明穆桂英飛揚情緒，最後甩袖昂然亮住，蓄積力量唱出末句「難道我就無有為國為民一片忠心！」每個字音都存在一股內在張力，猶如波浪疊起勢不可擋，尤其句尾「忠心」二字力翻高腔，豪邁忠誠保國衛民之情噴薄而出，因此聽到鼓角齊鳴、戰馬嘶聲，接續唱出回想當年桃花馬上威風凜凜西皮流水，而後捧起帥印亮相，唱出「我不掛帥誰掛帥，我不領兵誰領兵」捨我其誰的豪情壯志。

另外的經典表演唱段──〈發兵〉從穆桂英內唱【導板】「大炮三聲如雷震」開始，劇本還特地標明「在『穆』字旗下威風凜凜地走上」，接唱：

> 挽綉甲跨征鞍整頓乾坤。
>
> 轅門外層層甲士列成陣，虎帳前片片魚鱗耀眼明；
>
> 見夫君氣軒昂軍前站定，全不減年少時勇冠三軍。
>
> 金花女換戎裝婀娜剛勁，好一似當年的穆桂英。
>
> 小文廣雄赳赳執戈待命，此兒任性忒嬌生。
>
> 擂鼓三通寶帳進。

這段【原板】轉【南梆子】再轉回【原板】是最後一場的焦點，高音響而不直不硬、低音柔卻不沉不懈，描述的是穆桂英歷經二十年的不問朝政，再次站上第一線發兵點將的悸動發抒，先看到了夫君楊宗保「威風凜凜似韋陀」，依舊是當年氣宇軒昂、丰神俊朗模樣；看金花女兒身穿軍裝，柔中有剛、剛中帶柔，彷彿昔日大破天門陣威儀非凡的自己；再看奪來帥印的文廣嬌兒，雖然年幼任性卻也散發著神采飛揚的氣概，一看宗保、二看金花、三看文廣，穆桂英回首當年的情緒超過了展望未來的思慮，而這正也是 1959 年已屆六十五歲的梅蘭芳心情投射，梅蘭芳曾經跟兒子葆琛這樣說過：

> 尤其是當我唱到「二十年拋甲胄未臨戰陣」時，我的感情發生了很大的變化，此刻我不禁想起了八年抗戰後又重登舞臺時，對自己的嗓子、扮相、身段等各方面會出現的問題，心裡產生了矛盾這不是與穆桂英二十年又重振旗鼓、掛帥出征時的心理矛盾是相同的嗎？所以在「捧印」時，我已忘卻自己是在舞臺上，我的感情已經昇華到生活中去，演出也就較為真實和成功了，當時我也像穆桂英一

樣，抖擻老精神，重新掛帥上陣。〔註 101〕

梅蘭芳於 1959 年加入了中國共產黨，政治地位崇高但卻無法創排新戲，回憶錄裡頭記載的是因為大部分時間重點安排在各地巡迴演出，以及整理舊有劇目，另一方面查閱梅蘭芳入黨宣誓之發言，其中提及：「我是一個戲曲演員，過去演了幾十年的戲，也曾排演和創作不少的新劇目，但解放後，沒有排過新戲，怕排了戲演不好，會把我在群眾中的一點聲譽一掃而光。這無疑是個人思想在作怪。我最近排演了《穆桂英掛帥》的時候，把上面所說的錯誤思想克服了，用了一個月的時間，使它在舞臺上觀眾見了面。」〔註 102〕因此，筆者認為梅蘭芳絕對是想排演新戲，但因為迫於整體政治環境，尤其受到了「移步換形」的批判影響，儘管這樁事件在回憶錄裡頭隻字未提，但自此之後梅蘭芳不再公開提出任何關於京劇發展的建言或看法，所受到的刺激衝擊與心境轉折可想而知。回顧在此之前的新戲，即使有梅蘭芳參與創作，但大部分仍是梅黨文人「烘雲托月」明星式的為其量身打造，唯有這齣「一個人演滿臺」的《穆桂英掛帥》，〔註 103〕從其〈我怎樣排演《穆桂英掛帥》〉文章佐證，可說是梅蘭芳自己為自己量身打造、策動主導，主動放棄《龍女牧羊》而擇選了年近半百的穆桂英，將自我全然投射到劇中人物身上，與穆桂英「有著情感上的共鳴」，〔註 104〕正如王安祈所指出的：「《穆桂英掛帥》裡我們聽見了梅蘭芳在現實世界不可能說出的心聲，而這內在情志又因與劇中人穆桂英重疊交融、無縫彌合，「有我」復歸於「無我」。梅蘭芳最後一部創作，深刻建構了自我形象，梅派的內在因此而深廣。」〔註 105〕因此這齣壓卷之作從劇目擇選、人物設定、唱段安置至整體構設，簡易平淡之中體現梅蘭芳個人真實氣質，穩練剛勁之中烘托丰采神韻，更是提煉凝聚梅派藝術精華臻於登峰造極。

〔註 101〕轉引自李仲明、譚秀英：《百年家族——梅蘭芳》（臺北：立緒文化事業有限公司，2001 年），頁 278。

〔註 102〕梅蘭芳：〈旦角表演及《穆桂英掛帥》的形象塑造——一九六〇年五月在一次座談會上的發言〉，《人民戲劇》，1980 年第 11 期。

〔註 103〕景孤血：〈一個人演滿臺——寫在觀摩梅蘭芳的《穆桂英掛帥》後〉，《梅蘭芳藝術評論集》，頁 279～280。

〔註 104〕〈我怎樣排演《穆桂英掛帥》〉，《梅蘭芳戲劇散論》，收入於《梅蘭芳全集》第三卷，頁 98。

〔註 105〕王安祈：〈穆桂英捧起帥印，梅蘭芳看見自己〉，《錄影留聲　名伶爭鋒——戲曲物質載體研究》，頁 290。

小結

旦行流派在社會環境中醞釀崛起，賴新興媒體運作完成，特殊創作型態尤其以梅蘭芳為代表的梅派藝術，出身於相公堂子，歷經與老生配戲而後開拓新戲，以嘗試時裝新戲的實踐與社會互動，而後毅然決然停演轉向致力古裝新戲，有老戲精雕、傳統再造，亦有新戲細琢、量身詮釋，逐漸添增累積一股沉著凝重表演特質，為傳統京劇注入不同面貌；逢抗日烽火時移事往，仍舊不改初衷越來越深化表演，塑造人物凸顯梅派形象，既有整體環境使然、亦是梅蘭芳自我的抉擇，故成為京劇繁華盛景中最耀眼的代表，但後起之秀並未經歷這一切，缺少「內在生命的演進轉折」，往往僅是模擬成為梅蘭芳的影子、複製成為梅蘭芳的化身，例如純粹模擬複製梅蘭芳《洛神》衣裳扮相，自然無法如梅蘭芳將自身氣質與搬演劇目合而為一，因此旦行流派的定型以《穆桂英掛帥》為例，清楚勾勒梅蘭芳鮮明的創作型態，回顧昔年首先邀請文人編演專屬劇目，既參與構思更實踐完成，將翰墨與曲韻成功融合，並且灌製唱片與接觸電影，起步之先與密集為旦行之冠，但 1930 年代後極少新戲，不如尚小雲與荀慧生仍大量創編，反而新戲開端者卻成了收山之人，至 1949 年「戲曲改革」干涉整體劇壇發展，卻能有意識主導編演《穆桂英掛帥》而未受戲改影響，投射自我心境，以其年齡身份地位造就「一人演滿臺」的大開大合磅礡氣勢，營造巾幗英雄「我不掛帥誰掛帥」捨我其誰氣度，一腔一調不瘟不火、一舉一動熨貼自然、一招一式重似千鈞，可謂新戲創作之集大成作品，更重要的是梅蘭芳與劇中人穆桂英的心情思緒同步被看見，從民初至此完整建構自我形象。

第八章　結　論

本論文藉由一路與京劇共生共存共榮的「民國新媒體」：報紙期刊、唱片電影，將京劇旦行由崛起至鼎盛分為四個階段：第一階段「在老生頭牌之下的清末旦行發展」，清末旦行演員聚焦於陳德霖與王瑤卿，分別代表正工青衣與新創花衫；第二階段「梆黃合演與性別對峙中梅蘭芳的崛起」，民初旦行演員前有所承、後有所創，尤以梅蘭芳承接遵循陳、王旦行表演傳統，在劇壇梆黃合演與坤伶競爭氛圍中，以劃時代的「時裝新戲」與「古裝新戲」展現創作型態與文化底蘊，締造編演新戲的文化風潮氛圍；第三階段「報紙票選五大名伶新劇」，「五大名伶」梅蘭芳、尚小雲、荀慧生、程硯秋、徐碧雲，競相邀集文人編劇的風潮在劇壇上大行其道，使得京劇的質性由民間戲曲轉趨文士化，亦改變了原來老生掛頭牌的京劇傳統，整體風格相形轉變。第四階段「由期刊與唱片確立的四大名旦」，梅程荀尚從專屬劇目中建立個人表演風格，四大名旦稱謂經《戲劇月刊》與《五花洞》唱片確立，流派藝術進入高度發展。整體而言，以四個時期建構京劇旦行崛起、轉折、變化、競爭的完整脈絡，最重要的是有以下幾個方面，如自擇編劇：尚小雲邀請武俠小說作家操刀；自尋故事：《鎖麟囊》是程硯秋從筆記小說裡讀到、而後主動交予編劇以此素材創造喜劇；指導編劇：程硯秋注意整體戲劇推展性，主動與編劇編排三讓座，板式唱腔的安排也有看法；修改唱詞：梅蘭芳排練過程中，主動修改劇本《穆桂英掛帥》〈捧印〉唱詞次序，荀慧生《釵頭鳳》永訣，修改編劇譴責詞句使劇本更情通理順，均是鮮明「創作型態」之展現。

流派紛呈是京劇鼎盛時期的證明與標誌，京劇旦行自然並非僅有唯四名伶，四大名旦亦並非專攻一技，而是在青衣花旦刀馬花衫間穿梭流動，本論文大篇幅論述梅蘭芳，除了梅蘭芳作為京劇表演體系代表人物，穩固旦行掛頭牌的地位且推至極盛，無論在「古裝新戲、時裝新戲、傳統戲、壓卷之作」的創作思考與取捨整編，有對於時代脈搏的掌握與反思，充分展現其主體意識與獨特氣韻，回到相應的京劇發展與文化脈絡中，愈加彰顯其突破性意義；其次則以四大名旦之中能與梅蘭芳抗衡匹敵的程硯秋為論析焦點，「程腔」的與眾殊異、獨樹一幟，本為聲帶侷限之另闢蹊徑、倒倉鬼音之絕處逢生，程硯秋成功強勢扭轉此不得以而為之的嗓音，拜梅後又投師王門，經王瑤卿設計指導、三位編劇家的合力打造，唱腔特以低迴婉轉、幽咽細膩見長，聲斷而意無窮、音盡而情綿延，典型固定的傳統老戲中唱出新意，新編初排的程派新戲中更現韻味，有起步探索、逐漸累積、花開結果之「秋聲三轉、新戲三變」：羅癭公之《紅拂傳》、《青霜劍》、《鴛鴦塚》，「詩意編劇」金仲蓀接棒羅癭公，特將「情感波動」鋪排成為具體情節，後更有說故事能手的「職業編劇」翁偶虹量身打造《鎖麟囊》，不僅唱詞文學抒情化，寫人生悲歡實境卻能拉高擴大至哲學思考面向，因此結論處筆者特別想加強的重點是：以程派個別劇目成就而言，如《春閨夢》與《鎖麟囊》的鋒頭幾乎超越梅派。終其程硯秋一生，有意無意之間將師父梅蘭芳視為主要競爭對象，相較於梅派中正和平之音，程腔嗓音拗折較走偏鋒，但也共同造就京劇鼎盛。

本論文最後欲以在「流派紛呈」下的流派後學發展為出發，略論流派傳承的概況，將時間軸線拉長至當代，檢視 1949 年後的舞臺演出情況，除了作為反觀流派宗師之編演特質，回應本論文所提出的派別成形，更以此確立梅派在京劇旦行流派發展史上的意義內涵作為結論。

綜觀旦行流派後學發展，梅派、程派後學以「模擬和神似流派宗師」作為習藝的最高標準，講究的是百分之百、亦步亦趨的複製模仿因襲，舉凡唱工音色、行腔咬字、唱腔韻味，以及身段做表、眉宇神情，甚至是演員的穿戴扮相、道具布景、走位調度等，流派宗師的表演在流傳過程中已趨向定型，一方面藉以彰顯流派專屬特質與整體風格，另一方面亦確立開派宗師的主體性。相對於梅派或程派而言，尚派顯得較為特殊，在旦角四大流派的傳承培育中，尚派流傳亦相對蕭條式微，正因尚小雲憑藉「嗓音與武功」唱做並重文武兼備，不僅先天稟賦優異，鐵嗓剛喉抗墜自如，高唱響遏行雲、低吟音韻婉轉；後天條件歷經全面學習武生表演藝術，鎔鑄武生剛健於青衣婀娜之中，開創了「文戲武唱」的專屬劇目，平心而論，尚派對於演員的先決條件可說是要求極為嚴格，若是缺少其中某一部分，便無法應付裕如貼切演好尚派劇目，〔註 1〕因此漸形成尚派傳人不如其他流派眾多或出名的現象。

不過筆者在論文中從尚派劇目表演的角度予以探析，如經典代表劇目《失子驚瘋》，不僅可見演員個人特色的高度發展，足以確立尚派的地位與價值之外，在京劇旦行表演藝術的發展中，更可說是「超越流派」，例如今日以梅派、尚派兩門抱的天津京劇院青衣旦角王豔，1992 年參加首屆大陸少兒京劇邀請賽，年方十六歲之姿就讀於天津戲曲學校，便憑藉《失子驚瘋》獲獎嶄露頭角；無獨有偶，甫進臺灣國光劇團的後起新秀林庭瑜，初登場亮相的表演腳色，便是和「海字輩」資深花旦吳海倫相互配搭演出胡氏與壽春，〔註 2〕就學期間於臺灣戲曲學院京劇團「青年劇藝競賽」，亦曾以《失子驚瘋》榮獲技藝之冠。綜觀當代兩岸青年演員的蓬勃劇藝競賽表演，不約而同地選擇了《失子驚瘋》，正因為能夠在有限時間極力展現所學絕活，將無形心中情緒、化為有形水袖翻飛，做到急徐得宜、滿身是戲，無論是否為尚派演員皆可藉由此劇發揮精彩的唱唸做舞與繁複身段。

相對於梅派程派的傳承體系「家法嚴謹」、尚派的傳承特殊要求，荀派後學的發展，則可謂是在不絕如縷中進一步開創新局。正因為荀派代表劇目多以完整劇本架構塑造女性，因此「改編」在荀派的表演傳承上充滿了可能性，荀慧生著重於「塑造人物」:「從生活出發，從人物的內在思想感情出發，去表現特定環境中的特定人物。無論唱腔、念白、動作、表演，都是為表現人物的思想性格服務的。」〔註 3〕荀慧生也在日記裡這樣紀錄「以劇情與劇中人身份為表演之標準」，〔註 4〕表演不可與劇情背道而馳，其表演動作皆從生活中提煉加工方顯自然靈活，以符合劇中人物的需要，因此曾說必須領會他之所以要這樣搬演的內心根據，並非從外表加以仿效，所以荀派後學多位演員皆

〔註 1〕王永運認為:「演尚派的戲要比演梅派的戲難得多。演尚派戲，既要有一條高勁的圓亮的好嗓子，還要有勇猛矯健的武打功夫，缺少其中任何一樣，便無法演好尚派戲。」參見王永運:《南北談藝錄》(北京，中國戲劇出版社，2004 年)，頁 220。

〔註 2〕筆者觀賞於國光劇場「告別文山專場」，2016 年 3 月 12 日。

〔註 3〕荀慧生:〈演戲——演人物〉,《荀慧生演劇散論》(上海：文藝出版社，1980 年)，頁 24。

〔註 4〕荀慧生:〈小留香館日記〉,《白牡丹》，收入於《民國京崑史料叢書第九輯：留香集》(北京：學苑出版社根據 1927 年初版影印，2012 年)，頁 117。

走出自己的特色，一再地加工改動老師的劇本，各自皆有盡情發揮而不劃地自限，頗有「創新出荀派，學荀要創新」的意味，〔註5〕例如童芷苓（1922～1995）1939年拜師荀慧生，1945年又立雪梅門，嗓音較老師荀慧生為脆亮甜潤，以荀派的爽朗蘇嗲為基調，揉合梅派的華貴典雅而沖淡自然，在荀腔之中多了股簡淡梅腔，除了呼應著政治時代的潮流改編《金玉奴》，〔註6〕更在荀派基礎上慧眼獨具選擇精雕細琢王熙鳳和尤三姐，劇本均出自於「紅樓老作手」陳西汀之筆，《王熙鳳大鬧寧國府》〔註7〕演活派頭十足且八面玲瓏的「鳳辣子」，表現「明是一把火、暗是一把刀」的變臉鮮明神韻，做派大開大合收放自如，以及加工潤色拍攝《尤三姐》電影，〔註8〕足見其敏銳度與挑擇豐厚人物的眼光，幾乎極有條件邁向自成一派的趨勢。又例如趙燕俠（1928～），1942年拜師荀門，重新整理排演如《梅玉配》、《盤夫索夫》、《紅梅閣》〔註9〕等傳統戲，新戲迭出如《梵王宮》、《碧波仙子》、《孟姜女》、《救風塵》、《陳妙常》等，在新腔中善用傳統流派戲的唱腔，〔註10〕有所謂的「出荀入趙」。由上述童芷苓與趙燕俠例子，可見荀派後繼傳人「塑造人物」的出發點，並非一面倒地以老師創發為依歸，亦非純然走在荀派的藝術傳承路線，而是出自於對於人物性格的細膩體會，學荀而淡化模擬痕跡，依荀卻創造個人新境，建構劇作被「再解讀」的發展脈絡。但嚴格來說，即使童芷苓與趙燕俠開展一批新戲劇目，創發嶄新劇中人物，卻只能說是屬於旦行中第一流名伶，並非真正形成童派或趙派。

筆者此處再試圖以「文武全才」李少春（1919～1975，原名李寶麟）作為例子，李少春在1961年演出《滿江紅》，此齣新戲原由范鈞宏與呂瑞明編劇，1960年中國京劇院四團青年演員首演，而後李少春決定「重排」改編

〔註5〕在此借用荀令香文章標題，參見荀令香：〈創新出荀派，學荀要創新〉，《戲劇報》，1985年第12期，頁16～18。

〔註6〕童芷苓以長達三十多句的痛快淋漓、慷慨激越唱詞，唱至「冤仇血債算一個清」的「清」字，更是運用丹田氣力、高音甩腔，讓音量豁然放開，將金玉奴對於莫稽的滿腔怨憤傾洩而出，從而把整個唱段情緒推向全劇高潮，參見童芷苓：〈我怎樣演《金玉奴》〉，《戲劇報》，1984年第10期，頁47。

〔註7〕1982年首演於香港，當時暫居香港的臺灣名旦魏海敏正巧觀賞，日後2003年在臺灣首演。

〔註8〕1963年由海燕電影製片場、香港今聲影業公司所聯合攝製。

〔註9〕李元皓：〈從《紅梅閣》的舊瓶看《李慧娘》的新酒：戲曲表演與政治變遷的個案研究〉，《民俗曲藝》第164期（2009年6月），頁5～43。

〔註10〕和寶堂：《自成一派：趙燕俠》（上海：上海人民出版社，2010年），頁192。

演出。〔註 11〕李少春在 1961 年 3 月 22 日第 7 版的《人民日報》發表〈堂堂膽氣．耿耿丹心——談《滿江紅》中的岳飛形象的創造〉，文中描述演出時的自我提問，究竟劇中主角岳飛是用什麼行當，老生還是武生；用什麼流派來表演，是楊派（楊小樓）、余派（余叔岩）、還是麒派（麒麟童）？而最終「文宗余叔岩、武學楊小樓」的李少春重塑岳飛之觀點，認為：「岳飛的表演屬於哪個流派。哪派都有，主要屬於岳派。」為理解李少春的看法，則需回溯李少春拜師學藝歷程與演出經歷，〔註 12〕在父親小達子李桂春的調教之下，以文戲與紮實武功打響名號，而在 1938 年 19 歲時正式成為余叔岩入室弟子，另陸續向丁永利、張伯駒、蓋叫天、周信芳拜師。〔註 13〕在余叔岩手把手親自指導的過程，曾這樣告誡李少春：「在我向你改正身段、糾正唱腔期間，最好不要上臺演出，以便鞏固教學成果，勿使走樣。」〔註 14〕在師門規矩與觀眾期待之間，精研唱腔與演戲養家兩端，李少春最終選擇了舞臺，1938 年至 1948 年間演出以余派和楊派戲為主，1949 年後演出的《野豬林》、《將相和》等新戲愈加走紅，在一齣接著一齣的代表作，形塑一個又一個的劇中人，其藝術成就無庸置疑。但總結李少春既未開創「李派」，嚴格說來也非「楊派／余派／麒派」老生傳人，《中國京劇百科全書》還將之列為「武生」演員。〔註 15〕因此由 1961 年李少春演出《滿江紅》所回答的「岳派」人物派，根據岳飛的身份地位與立場思想出發，借鑑楊派／余派／麒派表演藝術之餘，基本上是從劇中人著手塑造，為劇中人發聲，以劇中人物立派，強調

〔註 11〕《滿江紅》首演於 1960 年，由中國京劇院四團青年演員孫岳（岳飛）、楊秋玲（岳夫人）、吳鈺璋（牛皋）、蕭潤增（周三畏）等主演。關於李少春的「重排」，參見王安祈：〈國族、離散、偷渡交互作用下的《滿江紅》〉，《錄影留聲 名伶爭鋒——戲曲物質載體研究》（臺北：國家出版社，2016 年），頁 195～226。

〔註 12〕李少春憑藉自身條件開創屬於自己的藝術前途，成為「傳統京劇」與「當代京劇」之間的轉折分界，參見王安祈：《性別、政治與京劇表演文化》（臺北：臺大出版中心，2011 年），頁 84。

〔註 13〕李少春入楊寶森門下、拜麒麟童為師。正式拜師：余叔岩（1938 年 10 月 19 日）、丁永利（1938 年 9 月）、張伯駒（1947 年）、蓋叫天（1961 年 9 月 3 日）、周信芳（1961 年 12 月 16 日），參見許錦文：《文武全才李少春》（上海：上海人民出版社，2012 年），頁 257。

〔註 14〕許錦文：《梨園冬皇孟小冬傳》（上海：上海人民出版社，2003 年），頁 215；翁思再：《余叔岩傳》（上海：上海古籍出版社，2011 年），頁 387。

〔註 15〕中國京劇百科全書編輯委員會編：《中國京劇百科全書》（北京：中國大百科全書出版社，2011 年），上卷，頁 485。

對於劇中人物內心思想情感的體悟與把握，恰正好反襯傳統京劇流派並非為劇中人服務，而是「人上有人」的表演與觀賞美學傳統，著重的是演員特質、而非劇中人特質。

因此，回到「京劇流派藝術」的定義，依照曾永義論述，流派的成形乃以演員的表演藝術為重點，逐步建立鮮明獨特風格並被觀眾所接受認可，進一步由徒眾模擬構成「群體風格」，「隨著開創者的成熟而建立，隨著徒眾的薪傳而完成。」〔註 16〕因此流派藝術之下的塑造劇中人，乃是將流派的共通特質下延至每一個劇中人，通過共通特質來形塑人物，並非李少春指出的：由我直接塑造岳飛，而這又牽涉到京劇流派發展的過程。前已有論述的「以地立派」與「以人立派」，順此脈絡再進一步闡釋，從「前三鼎甲」余三勝、程長庚、張二奎分別所代表的「以地立派」，各自汲取地方聲腔而發展開拓京劇新聲，創造「漢派」、「徽派」、「奎派」藝術，三人體現「原屬劇種演化為京劇的一部分之歷程」；〔註 17〕到「後三鼎甲」之一的譚鑫培，成為「名角挑班制」第一人，形成「以人立派」，再到梅蘭芳作為「旦角掛頭牌」的代表人物，可以說是：從「以地立派」到「以人立派」而後奠定「人上有人」的京劇接受與觀賞美學轉變，也就是說：「以人立派」的「人」，逐步形成「人上有人」的過程，正是王安祈研究指出的「三合一特質」：梅蘭芳將「個人氣質、表演風格、劇中人氣質」三者交互投射，使得流派藝術與演員自我在舞臺上的呈現合而為一，〔註 18〕在劇中人氣質裡，有著演員個人氣質與表演風格的交相疊映，「梅派特質」是梅派演員塑造人物必要經過的關卡。從梅蘭芳兒子梅葆玖（1934～2016）的身上更可見得，正如王安祈所形容描述的「梅葆玖的形式作風與待人接物都與書上的梅蘭芳相同，輕聲細語、謙沖和睦」，〔註 19〕梅葆玖的文質彬彬、溫和典雅，筆者數回追星經驗也深有同感，而在這樣的溫文儒雅人格形象，不僅好似複製再現父親梅蘭芳的風采，從京劇歷史來說更是延續乾旦表演藝術，也恰正映證著梅蘭芳所代表的「以人立派」之「人上有人」的流派意義。

而在梅尚程荀之後，旦行流派最後一人：「張派」乾旦張君秋（1920～

〔註 16〕曾永義：《戲曲之雅俗、折子、流派》（臺北：國家出版社，2009 年），頁 548。

〔註 17〕林幸慧：《京劇發展 V.S.流派藝術》（臺北：里仁書局，2004 年），頁 85。

〔註 18〕王安祈：《為京劇表演體系發聲》（臺北：國家出版社，2006 年），頁 86～89。

〔註 19〕王安祈：〈恭送梅葆玖先生〉，《表演藝術》第 282 期（2016 年 6 月號），頁 89。

1997）則比較特殊，雖說「張派」的公認確立是在 1949 年之後，成為當代唯一新創的流派，但藝術的形成自然是從 1949 年之前一路累積而成，〔註 20〕一方面唱腔特色之確立，其麗質天生音域寬闊條件優異，嗓音寬亮能顯脆甜清潤，加上廣攬各派之長，受王瑤卿指導，正式拜師梅蘭芳，亦自尚小雲、程硯秋學習揣摩不同丰韻，在梅派典雅溫厚、尚派稜角分明、程派嗚咽悽惻之外吸取融匯，而有所謂的「熔梅程尚於一爐而成張派」說法；另一方面，最為重要的是「專屬劇目」之建立，張君秋戲路兼收並蓄，自言「用更多精力去編演一些新劇目，努力去塑造一些有較新面貌的古代婦女形象」，〔註 21〕如《詩文會》才思富麗車靜芳之自擇才郎，《狀元媒》金枝玉葉柴郡主之自許婚姻，《秦香蓮》堅忍不拔的秦香蓮之自斬孽緣，〔註 22〕《西廂記》相國之女崔鶯鶯跨越門閥地位的自選愛情，更有《望江亭》聰慧嫻淑譚記兒之自主命運，智扮漁婦巧設機關以懲治惡徒〔註 23〕等，這些新編劇目劇情跌宕一波三折，張君秋除了根據這些女性形象去構思行腔，以代表作 1956 年《望江亭》主角譚記兒第一次登場亮相所唱的【四平調】，前三句遵照原有曲調傳統，而在第四句「為避狂徒到此間」的「狂徒」二字行腔上特別做出翻高處理，近似於老生西皮唱腔的翻高【導板】旋律，〔註 24〕將固有之老調提煉加工變化，如此一來更能貼合劇中主角的形象，與張君秋長期合作的姜派小生劉雪濤（1922～2011）這樣形容：《望江亭》在北京長安戲院首次面見觀眾，一下子紅遍京城。由此張君秋聲名大震，觀眾、戲迷尊君秋的唱腔為「張派」唱腔。〔註 25〕由此可推論新戲新腔奠定「張派」，更證明張君秋唱腔上鮮明的創作型態之外；而從這一系列的女性人物的選擇，自擇才郎、自許婚姻、自斷孽緣、自主

〔註 20〕王安祈：〈坤伶登場〉，《性別、政治與京劇表演文化》，頁 13～85。另參閱安志強：《張君秋傳》（石家莊：河北教育出版社，1996 年），張學浩主編：《張君秋藝術大師紀念集》（北京：中國文聯出版社，2000 年）。李元皓：《京劇老生旦行流派之形成與分化轉型研究》（臺北：國家出版社，2008 年），頁 533～545。

〔註 21〕謝虹雯、安志強整理：《張君秋戲劇散論》（北京：中國戲劇出版社，1983 年），頁 32。

〔註 22〕該劇於 1964 年長春電影製片廠拍攝成為彩色戲曲藝術片，更名為《鍘美案》，張君秋飾演秦香蓮、馬長禮飾演陳世美。

〔註 23〕該劇於 1958 年由海燕電影製片廠拍攝成為彩色戲曲藝術片，周峰導演，張君秋飾演譚記兒、劉雪濤飾演小生白士中、李四廣飾演丑角楊衙內。

〔註 24〕謝虹雯、安志強整理：《張君秋戲劇散論》，頁 33～34。

〔註 25〕劉雪濤、劉景玉：《劉雪濤藝術流年》（北京：學苑出版社，2011 年），頁 29。

命運的設計，女性群像透過華麗舒展唱腔鮮明發揮出來，張派曲調旋律與唱腔勁頭愈加突出劇中人的情感特色，足見張派唱腔藝術與創作能力的密合。〔註26〕而回到張派之後並無新流派成立，正是王安祈研究指出：「編導中心的確立削減了演員的主體性」以及「斯坦尼斯拉夫斯基表演體系由話劇界滲透到戲曲界」，〔註27〕使得演員個人氣質不能亦無法分化到劇中人物，加上政治作用介入影響之下，傳統京劇建構的「主角挑班制」已轉型成為國營劇團，不再突出京劇明星名伶的特別性，新的派別更無法產生，這也是本論文之所以將時間界大致限定於1945年的關係。

因此，本論文並未一一深究隨著「四大名旦」確立京劇旦行地位之後，紛紛繼起逐鹿活躍舞臺的眾多旦角名伶，按照時間出現包含報紙票選之「四大坤旦」：孟麗君、雪豔琴、章遏雲、新豔秋，「四小名旦」：李世芳、毛世來、張君秋、宋德珠，以及「四塊玉」李玉茹）、侯玉蘭、白玉薇、李玉芝，1944年的《半月戲劇》期刊還特別出版了「四小名旦特號」，〔註28〕足見封號稱譽紛紜，除了已成派的張君秋之外，不乏做表細膩特色鮮明的著名演員，特別是本論文多次引用李玉茹談戲說藝分析。從中華戲曲專科學校出身的李玉茹，接受全面且完整的旦角指導，成為青衣、花旦、刀馬三門抱演員，在四大名旦之後開拓表演個人空間，挑班成立「如意社」，整理搬演多齣經典老戲如梅派《貴妃醉酒》、荀派《辛安驛》，亦主導創作新戲《百花公主》、《紅梅閣》、《青絲恨》等劇目，〔註29〕正如李元皓從「京劇表演藝術發展」的角度來定位李玉茹的評介，其具有新一派旦角演員的先鋒性意義，乃是在於如何繼承流派又同時嘗試新編創造。〔註30〕由此更可進一步試問什麼是「流派」，或京劇有沒有產生「新流派」，大陸學者傅謹在京劇學研討會亦提出：「京劇流派問題，是一個老問題，也是一個新問題，更是一個開放性的

〔註26〕王安祈：〈京劇劇本的女性意識〉，《性別、政治與京劇表演文化》，頁133～137。

〔註27〕王安祈：《為京劇表演體系發聲》，頁96～97。

〔註28〕《半月戲劇》，1944年第5卷第4期。同年出版的第5卷第5期亦有「四小名旦」相關文章。

〔註29〕王安祈：〈從近代王魁戲結局看李玉茹《青絲恨》的突破〉，收入於傅謹、單躍進主編：《李玉茹與20世紀下半葉京劇創作演出學術研討會論文集：傳承　創造　生命》（北京：文化藝術出版社，2012年），頁91～107。

〔註30〕李元皓：〈定位李玉茹：從京劇表演藝術發展的角度〉，《大戲劇劇壇》第4輯（北京：中國傳播大學出版社，2010年），頁90。

話題」。〔註 31〕又如筆者撰寫結論的當下（2018 年 12 月），大陸北京正舉辦紀念「四小名旦」宋德珠誕辰一百週年，分別舉行「宋派京劇專場演出」與「宋派藝術研討會」，宋德珠蹻功與打出手為後起之冠，以「美、媚、脆、銳」藝術風格成為著名武旦，1939 年挑班組織「穎光社」，為其量身裁衣新編如《全部楊排風》、《百鳥朝鳳》等戲之編劇家翁偶虹，便提出所謂的「宋德珠及其宋派藝術」。〔註 32〕但無論是前所提及的童芷苓與趙燕俠，未能完全掙脫出荀派特質；或「四大坤旦」、「四小名旦」、「四塊玉」，均同樣是以大眾傳媒所票選或封號，先後挑班組織劇團，競排新戲逐鹿劇壇，名噪菊壇斐聲大江南北，不乏具有幾近全面性的精鍊藝術，往唱唸做打全能方向發展，既能汲取流派所長增強表現力道，更有兼跨流派塑造人物的表演能力，但除了張君秋以華麗唱腔結合新戲確立「張派」之外，其餘一流的演員都只能說是「半流派」，個人特色雖鮮明，但並未真正超越而締造新流派。

以上藉由當代流派後學發展觀察宗師之編演特質，更以李少春「岳派」說法補充京劇流派意義，「張派」確立審視流派成立並討論「半流派」的議題，補足論文主體所未能涵蓋的面向。

〔註 31〕李小紅：〈京劇流派的傳承與創新——第七屆京劇學國際學術研討會綜述〉，《戲曲藝術》第 38 卷第 2 期（2017 年 5 月），頁 28。

〔註 32〕翁偶虹著、張景山編：《梨園鴻雪錄》（北京：文津出版社，2017 年），頁 361～377。

參考書目

（按照筆畫順序排列）

一、專書

（一）工具書

1. 中國戲曲劇種大辭典編輯委員會主編：《中國戲曲劇種大辭典》（上海：上海辭書，1995 年）。
2. 中國京劇百科全書編輯委員會編：《中國京劇百科全書》（北京：中國大百科全書出版社，2011 年）。
3. 文化藝術出版社編輯部編：《京劇流派劇目薈萃》（北京：文化藝術出版社，1989 年）。
4. 王大錯編：《戲考大全》（上海：上海書店，1990 年）。
5. 王森然：《中國劇目辭典》（石家莊：河北教育出版社，1997 年）。
6. 吳同賓編：《京劇知識手冊》（天津：天津教育出版社，1995 年）。
7. 吳同賓、周亞勛編：《京劇知識詞典》增訂版（天津：天津人民出版社，2007 年）。
8. 胡菊人：《戲考大全》（臺北：宏業，1979 年）。
9. 徐沛、蘇移等：《京劇常識手冊》（北京：中國戲劇出版社，2002 年）。
10. 柴俊為編：《京戲大戲考》（上海：學林出版社，2004 年）。
11. 余漢東編著：《中國戲曲表演藝術辭典》（臺北：國家出版社，2001 年）。
12. 南腔北調人編著：《民國版京劇劇本集》（呼和浩特：內蒙古大學出版社，2011 年）。

13. 姜亞沙、經莉、陳湛綺主編：《中國早期戲劇畫刊》（北京：全國圖書館文獻微縮複製中心，2006 年）。
14. 許祥麟：《京劇劇目概覽》（天津：天津古籍出版社，2003 年）。
15. 陶君起：《平劇劇目初探》（臺北：明文出版社，1982 年）。
16. 曾白融主編：《京劇劇目辭典》（北京：中國戲劇出版社，1989 年）。
17. 黃鈞、徐希博編：《京劇文化辭典》（上海：漢語大辭典，2001 年）。
18. 楊彭：《平戲劇目彙考》（北京：學苑出版社，2010 年）。
19. 鄭子褒：《大戲考》（臺北：傳記文學，1974 年）。
20. 羅竹風主編：《漢語大辭典》（上海：漢語大辭典，1991 年）。

（二）戲曲研究

1. Andrew Jones, *Yellow Music: Media Culture and Colonial Modernity in the Chinese Jazz Age*（Durham: Duke University Press, 2001）中譯本見宋偉航翻譯：《留聲中國：摩登音樂文化的形成》（臺北：臺灣商務印書館，2004 年）。
2. Colin P. Mackerras，馬德程譯：《清代京劇百史》（臺北：中國文化大學，1989 年）。
3. 丁汝芹：《清代內廷演戲史話》（北京：紫禁城出版社，1999 年）。
4. 么書儀：《晚清戲曲的變革》（北京：人民文學出版社，2006 年）。
5. 么書儀：《程長庚、譚鑫培、梅蘭芳：清代至民初京師戲曲的輝煌》（北京：北京大學出版社，2009 年）。
6. 于質彬：《南北皮黃戲史述》（合肥：黃山書社，1994 年）。
7. 天津市政協文史資料委員會編：《京劇藝術在天津》（天津：天津人民出版社，1995 年）。
8. 王安祈：《傳統戲曲的現代表現》（臺北：里仁書局，1996 年）。
9. 王安祈：《當代戲曲》（臺北：三民出版社，2002 年）。
10. 王安祈：《為京劇表演體系發聲》（臺北：國家出版社，2006 年）。
11. 王安祈：《性別、政治與京劇表演文化》（臺北：臺大出版中心，2011 年）。
12. 王安祈：《錄影留聲　名伶爭鋒——戲曲物質載體研究》（臺北：國家出版社，2016 年）。

13. 王芷章：《中國京劇編年史》（北京：中國戲劇出版社，2002 年）。
14. 王庾生：《京劇生行藝術家淺論》（北京：中國戲劇出版社，1981 年）。
15. 王萍：《京劇老生流派崛起的社會心理研究》（北京：中國戲劇出版社，2010 年）。
16. 仲立斌：《京劇梅派唱腔藝術研究》（廣州：暨南大學出版社，2011 年）。
17. 何佩森：《梨園音韻學》（天津：天津古籍出版社，2004 年）。
18. 吳新雷：《中國戲曲史論》（南京：江蘇教育出版社，1996 年）。
19. 余秋雨：《觀眾心理學》（臺北：天下遠見出版，2006 年）。
20. 吳小如：《吳小如戲曲文錄》（北京：北京大學出版社，1995 年）。
21. 吳小如：《鳥瞰富連成》（瀋陽：遼寧教育出版社，1998 年）。
22. 吳小如：《吳小如戲曲隨筆集補編》（天津：天津古籍出版社，2006 年）。
23. 吾群力編：《余叔岩藝術評論集》（北京：中國戲劇出版社，1990 年）。
24. 李元皓：《京劇老生、旦行流派之形成與分化轉型研究》（臺北：國家出版社，2008 年）。
25. 李慶森主編：《京劇失傳劇目唱腔選集》（北京：中國戲劇出版社，1990 年）。
26. 杜長勝主編：《中國地方戲曲劇目導讀》（北京：學苑出版社，2010 年）。
27. 杜長勝主編：《中國京劇崑曲劇目導讀》（北京：學苑出版社，2010 年）。
28. 杜長勝主編：《京劇與中國文化傳統：第二屆京劇學國際學術研討會論文集》（北京：文化藝術出版社，2008 年）。
29. 杜長勝主編：《京劇與現代中國社會：第三屆京劇學國際學術研討會論文集》（北京：文化藝術出版社，2009 年）。
30. 杜長勝主編：《京劇表演理論體系建構：第四屆京劇學國際學術研討會論文集》（北京：文化藝術出版社，2013 年）。
31. 周志輔：《京劇近百瑣記》（臺北：傳記文學出版社，1974 年）。
32. 周貽白：《中國戲曲發展史綱要》（上海：上海古籍出版社，1979 年）。
33. 周貽白：《周貽白戲劇論文選》（長沙：湖南人民出版社，1982 年）。
34. 周慧玲：《表演中國：女明星，表演文化，視覺政治，1910～1945》（臺北：麥田出版社，2004 年）。
35. 孟繁樹：《中國板式變化體戲曲研究》（臺北：文津出版社，1991 年）。

36. 波多野乾一：《京劇二百歷史》（臺北：傳記文學出版社，1974 年）。
37. 阿甲：《戲曲表演規律再探》（北京：中國戲劇出版社，1990 年）。
38. 青木正兒：《中國近世戲曲史》（臺北：臺灣商務印書館，1988 年）。
39. 林幸慧：《京劇發展 V.S.流派藝術》（臺北：里仁書局，2004 年）。
40. 林幸慧：《由申報戲曲廣告看上海京劇發展：一八七二至一八九九》（臺北：里仁書局，2008 年）。
41. 波多野乾一：《京劇二百年歷史》（臺北：傳記文學出版社，1974 年）。
42. 施旭升：《中國戲曲審美文化論》（北京：北京廣播學院，2002 年）。
43. 胡芝風：《戲曲演員創造腳色論》（上海：上海文藝出版社，1994 年）。
44. 胡芝風：《戲曲藝術二度創作論》（北京：中國戲劇出版社，2000 年）。
45. 徐沛編：《中國戲曲表演史論》（北京：文化藝術出版社，2002 年）。
46. 容世誠：《粵韻留聲——唱片工業與廣東曲藝（1903～1953）》（香港：天地圖書公司，2006 年）。
47. 容世誠：《尋覓粵劇聲影——從紅船到水銀燈》（英國：牛津大學出版社，2012 年）。
48. 徐慕雲：《中國戲劇史》（上海：上海古籍出版社，2001 年）。
49. 張次溪編：《清代燕都梨園史料》（北京：中國戲劇出版社，1991 年）。
50. 張肖傖：《菊部叢譚》（臺北：傳記文學出版社，1974 年）。
51. 張庚、郭漢臣編：《中國戲曲通史》（北京：中國戲劇出版社，1992 年）。
52. 馬少波等主編，北京市藝術研究所、上海藝術研究所組織編著：《中國京劇史》（北京：中國戲劇出版社，1999 年）。
53. 張育華：《戲曲之表演功法——以崑京表演藝術為範疇》（臺北：國家出版社，2010 年）。
54. 許志豪、淩善清：《劇學匯考》（上海：大東，1926 年）。
55. 許金榜：《中國戲曲文學史》（北京：中國文學出版社，1995 年）。
56. 陳小田：《京劇音韻概說》（上海：學林出版社，1984 年）。
57. 陳志明、王維賢選編：《立言畫刊京劇資料選編》（北京：學苑出版社，2009 年）。
58. 曾永義：《中國古典戲劇論集》（臺北：聯經出版社，1975 年）。
59. 曾永義：《詩歌與戲曲》（臺北：聯經出版社，1988 年）。

60. 曾永義：《論說戲曲》（臺北：聯經出版社，1997 年）。
61. 曾永義：《戲曲源流新論》（臺北：立緒文化出版社，1997 年）。
62. 葉長海、張福海：《插圖本中國戲劇史》（上海：上海古籍出版社，2004 年）。
63. 葉長海編：《中國戲劇研究》（福州：福建人民出版社，2006 年）。
64. 董維賢：《京劇流派》（北京：文化藝術出版社，1981 年）。
65. 廖奔：《中國古代劇場史》（鄭州：中州古籍出版社，1997 年）。
66. 廖奔、劉彥君：《中國戲曲發展史》（太原：山西教育出版社，2000 年）。
67. 潘麗珠：《清代中期燕都梨園史料評藝三論研究》（臺北：里仁出版社，1998 年）。
68. 蔡世成等編：《申報京劇資料選編》（上海：上海京劇志編輯部等，1994 年）。
69. 顏長珂、黃克主編：《徽班進京二百祭》（北京：文化藝術出版社，1991 年）。
70. 劉曾復：《京劇新序（修訂版）》（北京：學苑出版社，2008 年）。
71. 顏全毅：《清代京劇文學史》（北京：北京出版社，2005 年）。
72. 蘇移：《京劇二百年概觀》（北京：北京燕山出版社，1989 年）。

（三）演員、編劇專論（包含：劇本、傳記、回憶錄、藝術評論）

1. 丁秉鐩：《菊壇舊聞錄》（北京：中國戲劇出版社，1995 年）。
2. 小翠花：《京劇花旦表演藝術》（北京：北京出版社，1962 年）。
3. 中國人民政治協商會議陝西省委員會文史資料委員會等編：《京劇藝術大師尚小雲》（西安：陝西人民出版社，1990 年）。
4. 中國梅蘭芳研究學會、梅蘭芳紀念館編：《梅蘭芳藝術評論集》（北京：中國戲劇出版社，1990 年）。
5. 中國戲曲研究院編：《程硯秋文集》（北京：中國戲劇出版社，1959 年）。
6. 中國戲曲研究院編：《程硯秋演出劇本選集》（北京：中國戲劇出版社，1958 年）。
7. 中國戲曲家協會北京分會、程派藝術研究小組：《秋聲集：程派藝術研究專集》（北京：北京出版社，1983 年）。

8. 中國戲劇家協會編：《梅蘭芳演出劇本選集》（北京：中國戲劇出版社，1961 年）。
9. 中國戲劇家協會編：《梅蘭芳文集》（北京：中國戲劇出版社，1962 年）。
10. 中國戲劇出版社編輯部編：《周信芳藝術評論集》（北京：中國戲劇劇出版社，1982 年）。
11. 中國戲劇出版社編：《荀慧生》（北京：中國戲劇出版社，1992 年）。
12. 王安祈：《金聲玉振——胡少安京劇藝術》（宜蘭：國立傳統藝術中心，2002 年）。
13. 王安祈、李元皓：《寂寞沙洲冷：周正榮京劇藝術》（宜蘭：國立傳統藝術中心，2003 年）。
14. 王安祈：《光照雅音》（臺北：相映文化出版，2008 年）。
15. 王慧：《梅蘭芳畫傳》（北京：作家出版社，2004 年）。
16. 王家熙等整理：《俞振飛藝術論集》（上海：上海文藝劇出版社，1985 年）。
17. 北京市政協文史資料研究會編：《京劇談往錄》（北京：北京出版社，1985 年）。
18. 北京市政協文史資料研究會編：《京劇談往錄》續編（北京：北京出版社，1988 年）。
19. 北京市政協文史資料研究會編：《京劇談往錄》三編（北京：北京出版社，1990 年）。
20. 北京市政協文史資料研究會編：《京劇談往錄》四編（北京：北京出版社，1997 年）。
21. 任明耀：《京劇奇葩四大名旦》（南京：東南大學出版社，1994 年）。
22. 安志強：《張君秋傳》（石家莊：河北教育出版社，1996 年）。
23. 朱家溍：《故宮退食錄》（北京：北京出版社，1999 年）。
24. 朱繼彭：《坤伶皇座：童芷苓》（上海：上海人民出版社，2010 年）。
25. 江蘇省政協文史資料委員會等編：《麒藝流芳——京劇藝術大師周信芳紀念專輯》（南京：江蘇文史資料編輯部：1997 年）。
26. 何時希：《小生宗師姜妙香》（北京：北京出版社，1994 年）。
27. 吳曉玲、馬崇仁編：《馬連良藝術評論集》（北京：中國文聯，2001 年）。

28. 李玉茹：《李玉茹談戲說藝》（上海：上海文藝出版社，2008 年）。
29. 李伶伶：《梅蘭芳的藝術與情感》（北京：團結出版社，2008 年）。
30. 李伶伶：《京劇四大名旦傳記書叢》（北京：中國青年出版社，2011 年）。
31. 李伶伶：《清風吹歌　曲繞行雲飛：尚小雲評傳》（上海：上海古籍出版社，2012 年）。
32. 李仲明：《李少春傳略》（北京：北京出版社，1996 年）。
33. 李洪春：《京劇長談》（北京：中國戲劇出版社，1982 年）。
34. 肖楓編輯：《紀念荀慧生先生》（成都：四川人民出版社，1981 年）。
35. 周志輔：《楊小樓評傳》（北京：北京燕山出版社，1992 年）。
36. 周信芳：《周信芳文集》（北京：中國戲劇出版社，1982 年）。
37. 和寶堂整理：《戲苑宗師荀慧生》（瀋陽：遼寧美術出版社，1999 年）。
38. 林珀姬：《梅蘭芳平劇唱腔研究》（臺北：學生書局，1985 年）。
39. 金芝主編：《古今中外論長庚》（北京：中國戲劇出版社，1995 年）。
40. 金芝主編：《長庚精神照後人》（北京：中國戲劇出版社，1998 年）。
41. 侯喜瑞：《學戲與演戲》（北京：北京出版社，1961 年）。
42. 柳天依：《郭小莊雅音繚繞》（臺北：臺視文化，1998 年）。
43. 孫毓敏：《孫毓敏談藝錄》（北京：華文出版社，1995 年）。
44. 孫毓敏：《孫毓敏藝術研究文集》（北京：中國戲劇出版社，2003 年）。
45. 徐漢生：《尚小雲專集》（北京：京津書局排印，1935 年）。
46. 徐蘭沅口述，唐吉記錄整理：《徐蘭沅操琴生活》第二集（北京：中國戲劇出版社，1998 年）。
47. 翁思再編：《余叔岩研究》（上海：上海文藝出版社，1994 年）。
48. 翁思再編：《京劇叢談百錄》（石家莊：河北教育出版社，1999 年）。
49. 翁偶虹：《翁偶虹編劇生涯》（北京：同心出版社，2008 年）。
50. 荀令香選輯，萬如泉、萬鳳姝記譜：《荀慧生唱腔選集》（北京：中國戲劇出版社，1982 年）。
51. 荀慧生等編劇：《紅樓二尤》（北京：寶文堂書店，1955 年）。
52. 荀慧生重新整理：《元宵謎》（北京：寶文堂書店，1958 年）。
53. 荀慧生：《荀慧生的舞台藝術》（北京：中國戲劇出版社，1960 年）。
54. 荀慧生：《荀慧生演劇散論》（上海：文藝出版社，1980 年）。

55. 荀慧生：《荀慧生演出劇本選集》（上海：文藝出版社，1982 年）。
56. 張建民編：《張君秋唱腔集》（北京：人民音樂，1980 年）。
57. 張梓媛：《李少春唱腔選》（北京：中國戲劇出版社，2003 年）。
58. 張偉君、吳乾浩編：《紅樓二尤：荀慧生演出本：曲譜劇本》（北京：中國戲劇出版社，1991 年）。
59. 張聊止：《國劇名伶舊評》（天津：東方戲曲藝術協會，2004 年）。
60. 張學浩主編：《張君秋藝術大師紀念集》（北京：中國文聯出版社，2000 年）。
61. 張慶善主編：《程硯秋百誕辰紀念文集》（北京：文化藝術出版社，2003 年）。
62. 梅紹武：《我的父親梅蘭芳》（天津：百花文藝出版社，1984 年）。
63. 梅紹武：《我的父親梅蘭芳續集》（天津：百花文藝出版社，2004 年）。
64. 梅紹武等編：《梅蘭芳全集》（石家莊：河北教育出版社，2000 年）。
65. 許姬傳、朱家溍：《梅蘭芳的舞臺藝術》（北京：中國戲劇出版社，1960 年）。
66. 許姬傳：《許姬傳七十見聞錄》（北京：中華書局，1985 年）。
67. 許姬傳：《許姬傳藝壇漫錄》（北京：中華書局，1994 年）。
68. 許錦文：《梨園冬皇孟小冬》（上海：上海人民出版社，2003 年）。
69. 陳志明編著：《陳德霖評傳》（北京：文津出版社，1998 年）。
70. 陳志明主編：《陳門三代梨園世家》（北京：學苑出版社，2014 年）。
71. 陳培仲、胡世均：《程硯秋傳》（石家莊：河北教育出版社，1998 年）。
72. 陳墨香編劇、張逸娟、萬鳳姝整理：《荀慧生演出本》（北京：學苑出版社，2009 年）。
73. 程永江著、鈕葆整理：《程硯秋戲劇藝術三十講》（北京：華藝出版社，2009 年）。
74. 程永江編撰：《程硯秋史事長編》（北京：北京出版社，2000 年）。
75. 程硯秋：《程硯秋日記》（北京：時代文藝出版社，2010 年）。
76. 程硯秋：《程硯秋戲劇文集》（北京：中國戲劇出版社，2003 年）。
77. 程硯秋著、丁紀紅編：《身上的事：程硯秋自述》（北京：中國廣播電視出版社，2009 年）。

78. 賀捷生、曹其敏編：《禦霜實錄：回憶程硯秋先生》（北京：文史資料出版社，1982 年）。
79. 楊忠、張偉品執筆：《京劇大師尚小雲》（西安：陝西人民出版社，2002 年）。
80. 蓋叫天：《粉墨春秋》（北京：中國戲劇出版社，1958 年）。
81. 趙榮琛：《粉墨生涯六十》（北京：當代中國出版社，2006 年）。
82. 齊如山：《齊如山全集》（臺北：聯經事業股份有限公司，2016 年）。
83. 劉乃崇等：《老兩口談戲》（北京：中國戲劇出版社，2004 年）。
84. 劉彥君：《梅蘭芳傳》（石家莊：河北教育出版社，1996 年）。
85. 劉曾復：《京劇新序》（北京：北京燕山出版社，1999 年）。
86. 劉菊禪：《譚鑫培全集》（臺北：傳記文學，1974 年）。
87. 潘鏡芙、陳墨香：《梨園外史》（北京：寶文堂書店，1989 年）。
88. 蕭晴記譜整理：《程硯秋唱腔選集》（北京：人民音樂出版社，1988 年）。
89. 蕭晴編：《程硯秋藝術評論集》（北京：中國戲劇出版社，1997 年）。
90. 錢寶森口述，潘俠風整理：《京劇表演藝術雜談》（北京：北京出版社，1959 年）。
91. 謝美生：《一代名旦尚小雲》（石家莊：花山文藝出版社，2007 年）。
92. 謝美生：《光豔驚絕尚小雲》（北京：東方出版社，2010 年）。
93. 戴淑娟等：《譚鑫培藝術評論集》（北京：中國戲劇出版社，1990 年）。
94. 謝思進、孫利華編著：《梅蘭芳藝術譜》（北京：文化藝術出版社，2009 年）。
95. 謝國祥等編：《楊寶森紀念集》（天津：百花文藝出版社，1998 年）。
96. 魏子雲：《京劇表演藝術家》（臺北：學生出版社，2002 年）。
97. 譚志湘：《荀慧生傳》（石家莊：河北教育出版社，1996 年）。
98. 蘇雪安：《京劇前輩藝人回憶錄》（上海：上海文化出版社，1958 年）。
99. 《學者吳小如》編輯小組編：《學者吳小如》（北京：北京大學出版社，2012 年）。

（四）報刊研究

1. 戈公振：《中國報學史》（上海：上海書店，1990 年）。

2. 祝均宙：《圖鑑百文獻：晚清民國間小報源流特點探究》（臺北：華藝學術出版社，2013 年）。
3. 祝均宙：《圖鑑百文獻：晚清民國間期刊源流特點探究》（臺北：華藝學術出版社，2012 年）。
4. 祝均宙：《圖鑑百文獻：晚清民國間畫報源流特點探究》（臺北：華藝學術出版社，2012 年）。
5. 張天星：《報刊與晚清文學現代化的發生》（南京：鳳凰出版社，2011 年）。
6. 連玲玲主編：《萬象小報：近代中國城市的文化、社會與政治》（臺北：中央研究院近代史研究所，2013 年）。
7. 陳平原：〈報刊研究的視野與策略〉，收入於陳平原主講，梅家玲編訂：《晚清文學教室：從北大到台大》（臺北：麥田出版，2005 年）。

二、學位與期刊論文

（一）學位論文

1. 林淑薰：《臺灣新編京劇的主題、敘事技法與舞臺呈現之探討》（臺北：國立政治大學中文所博士論文，2009 年）。
2. 邱詩婷：《魏海敏當代京劇表演創作研究》（臺北：國立臺灣大學戲劇所碩士論文，2007 年）。
3. 黃兆欣：《京劇旦行表演傳承與對話——以陳德霖、王瑤卿與梅蘭芳、程硯秋為例》（中壢：國立中央大學中國文學系博士論文，2014 年）。
4. 黃兆欣：《傳承與新詮——程硯秋表演藝術研究》（新北市：國立臺灣藝術大學表演藝術研究所碩士論文，2010 年）。
5. 黃琦：《京劇開蒙戲研究》（中壢：國立中央大學中國文學系博士論文，2014 年）。

（二）期刊論文

1. 王安祈，〈生命風格的複製——以余叔岩、孟小冬師徒關係為例論京劇流派的人文意涵〉，《戲劇研究》第 4 期（2009 年 7 月），頁 15～44。
2. 王安祈：〈京劇名伶灌唱片心態探析——物質文化與非物質文化相遇〉，《清華學報》第 41 卷（2011 年 3 月），頁 195～221。

3. 王安祈：〈京劇影音製作的商業、權力與政治——以程派《鎖麟囊》等劇為例〉，《戲劇研究》第 14 期（2014 年 7 月），頁 73～102。
4. 李元皓：〈京劇視聽媒介的演進——物質文化與非物質文化相遇〉，《清華學報》第 41 卷（2011 年 3 月），頁 171～194。
5. 侯雲舒：〈戲曲跨界創新的反思——以梅蘭芳時裝作品中京劇與話劇的媒合嘗試為例〉，《政大中文學報》第 16 期（2011 年 12 月），頁 201～230。
6. 陳培仲：〈試論京劇流派的含義、形成和發展〉，《戲曲藝術》，1983 年第 3 期，頁 87～96。
7. 鄒元江：〈梅蘭芳的「表情」與「京劇精神」〉，《戲劇研究》第 2 期（2008 年 7 月），頁 145～168。

三、有聲資料

1.《中國京劇有聲大考》（北京：北京文化藝術音像，1998 年）（30CD）。
2.《中國京劇音配像精粹》（天津：文化藝術音像，2000 年）。
3.《京劇大典》（北京：中國唱片上海公司，2004 年）（26CD）。
4.《京劇絕版賞析》（上海：中國唱片上海公司，2005 年）（共十輯，50VCD）。
5.《京劇大師尚小雲老唱片全集》（上海：中國唱片上海公司，2010 年）（5CD）。
6.《京劇大師荀慧生老唱片全集》（上海：中國唱片上海公司，2010 年）（5CD）。
7.《京劇大師程硯秋老唱片全集》（上海：中國唱片上海公司，2010 年）（6CD）。
8.《尚小雲的舞臺藝術》（西安：西安電影製片廠，1962 年）。
9.《芳華現：魏海敏梅派經典唱段選輯》（臺北：風潮音樂，2007 年）。
10.《荒山淚》（北京：北京電影製片廠，1956 年）。
11.《梅蘭芳老唱片全集》（上海：中國唱片上海公司，2010 年）（12CD）。
12.《梅蘭芳的舞臺藝術》上（北京：北京電影製片廠，1955 年）。
13.《梅蘭芳的舞臺藝術》下（北京：北京電影製片廠，1955 年）。

四、網路資源

1. 中國京劇戲考，網址：http://www.xikao.com/
2. 中國京劇老唱片，網址：http://oldrecords.xikao.com/
3. 中國京劇論壇，網址：http://www.dongdongqiang.com/indexc.html